"Con gran transparencia y un claro enfoque en el evangelio, Gloria nos invita a explorar el maravilloso y complejo mundo de la maternidad. Como madres, a veces es como si viviéramos aisladas en una pequeña celda donde la pretensión, la culpa y el egoísmo tratan de asfixiarnos y llevarnos a despreciar nuestro llamado. ¡Leer este libro fue como abrir una ventana por donde entró el aire fresco de la gracia!".

— **Kristin Getty,** escritora de himnos y coautora de *¡Cantemos!*

"Como madres, nuestra lista de cosas por hacer nunca termina, y mucha gente bienintencionada quiere ayudarnos dándonos más listas sobre cómo hacer todas esas cosas de la mejor manera posible. ¡Buenas noticias! Atesorando a Cristo cuando tus manos están llenas no es el típico "manual para madres", sino que refresca el alma con las verdades del evangelio. Recordándonos constantemente la libertad que tenemos en el evangelio, Gloria Furman nos ayuda a fijar nuestros ojos en la eternidad más que en nuestras circunstancias. No saldrás con otra lista de cosas por hacer, sino que conocerás a Aquel que se entregó por ti y que te ha dado Su Palabra para sostenerte".

— **Trillia Newbell,** conferencista y autora del libro para niños *La muy buena idea de Dios*

"Las madres no necesitan otro libro que les diga qué pasos deben seguir para 'ser una mejor madre'. Las madres necesitan un libro que las lleve a dejar de mirarse a sí mismas para poder ver a Cristo. Eso hace Gloria Furman en este libro. Su honestidad en cuanto a sus luchas diarias y su esperanza en el poderoso Salvador son de mucho estímulo. Gloria nos anima a enfrentar cada día con valentía a la luz del amor redentor de nuestro Dios. Recomendaremos este libro a las futuras mamás, a las nuevas mamás y a las mamás que lo han sido por años".

— **Elyse Fitzpatrick & Jessica Thompson,** coautoras de *Give them Grace*

"¡Cuánto hubiera deseado tener una voz como la de Gloria Furman susurrándome tan dulces verdades del evangelio en medio de las frustraciones y tristezas de mis primeros días como mamá! Aquí no hay nada simplista ni meloso. Este libro nos ofrece una sabiduría profunda que seguro engendrará gozo en los hogares y corazones de muchas mamás".

— **Nancy Guthrie,** conferencista de The Gospel Coalition

"Fui grandemente bendecida por medio de este libro. Gloria no solo nos comparte su experiencia, sino que utiliza las Escrituras para invitarnos a saborear a Cristo: la más profunda necesidad y el más profundo gozo de toda madre. Sin dudas lo leeré de nuevo y me esmeraré en recomendarlo a otros".

— **Trisha DeYoung,** madre de seis hijos y esposa de Kevin DeYoung, autor de *¿Qué enseña la Biblia realmente acerca de la homosexualidad?*

"Necesitamos este libro. En medio de esta tarea frenética y a veces sobrecogedora de ser padres, es difícil recordar el evangelio. ¡Gracias a Dios por Gloria Furman! Ella nos ayuda a adorar a Jesús en medio del caos cotidiano y a ver las 'interrupciones' como invitaciones a confiar en Él con gozo. Tanto madres como padres serán profundamente alentados por este libro".

— **Jon & Pam Bloom,** presidente de Desiring God, y su esposa

ATESORANDO A CRISTO

CUANDO TUS MANOS ESTÁN LLENAS

ATESORANDO A CRISTO

CUANDO TUS MANOS ESTÁN LLENAS

meditaciones sobre el **evangelio** para madres ocupadas

~ GLORIA FURMAN ~

POIEMA
LECTURA REDIMIDA

Mientras lees, comparte con otros en redes usando

#AtesorandoaCristo

Atesorando a Cristo cuando tus manos están llenas

Meditaciones sobre el evangelio para madres ocupadas

Gloria Furman

Traducido del libro *Treasuring Christ When Your Hands Are Full: Gospel Meditations for Busy Moms* © 2014 por Gloria Furman. Publicado por Crossway, un ministerio editorial de Good News Publishers; Wheaton, Illinois 60187, U.S.A.

A menos que se indique lo contrario, las citas bíblicas han sido tomadas de *La Santa Biblia, Nueva Versión Internacional* © 1986, 1999, 2015, por Biblica, Inc. Usada con permiso. Las citas bíblicas marcadas con la sigla NBLH han sido tomadas de *La Nueva Biblia Latinoaméricana de Hoy* © 2005, por The Lockman Foundation; las citas marcadas con la sigla RVC, de *La Santa Biblia, Versión Reina Valera Contemporánea* © 2009, 2011, por Sociedades Bíblicas Unidas.

Poiema Publicaciones
info@poiema.co
www.poiema.co

Impreso en Colombia
ISBN: 978-1-944586-68-3
SDG

Dedicado a mi madre,
Catherine

CONTENIDO

INTRODUCCIÓN

SELLA LA ETERNIDAD EN MIS OJOS

Mis manos ya estaban llenas cuando estaba embarazada de nuestro primer hijo.

Estaban llenas de libros, frascos, manijas de puertas, pomos de ducha, sillas, volantes, botones, tenedores y teclados.

Fue cuando estaba embarazada de nuestro primer hijo que mi esposo empezó a sufrir de un dolor crónico en ambos brazos debido a un trastorno nervioso. En un período de tiempo bastante corto, el dolor punzante y ardiente limitó enormemente lo que David podía hacer con sus brazos. "Es increíble lo mucho que necesitas tus brazos", me comentó David una noche mientras estaba encorvada sobre mi barriga embarazada de nueve meses ayudándolo a ponerse sus calcetines y amarrarse los zapatos. En ese momento teníamos muy poca idea de lo que su enfermedad nerviosa significaría para nuestra vida cotidiana como padres. Han pasado casi ocho años desde que empezaron sus primeros dolores. A lo largo de los años ha tenido múltiples procedimientos quirúrgicos, y aún sigue sufriendo. David lo describe como una especie de "ruido de fondo".

Un par de años atrás, David tuvo una infección que se convirtió en un gran furúnculo en la parte superior de los nervios en una de sus manos. Según los médicos del hospital donde David fue tratado, los furúnculos son comunes en esta parte del Oriente Medio en que vivimos. Fueron muy cuidadosos en el tratamiento de su mano, tanto así que estuvo interno en el hospital durante tres días. Cuando fue dado de alta del hospital, me dijo con tono jocoso: "¿Qué se siente estar casada con Job?". Fue bueno verlo sonreír a pesar de esta prueba. Me acordé de la declaración de fe de Job: "Aunque Él me mate, en Él esperaré" (Job 13:15 NBLH). Y me llenó de sobriedad la falta de fe de la esposa de Job, quien dijo: "¿Aún conservas tu integridad? Maldice a Dios y muérete" (Job 2:9 NBLH). El impacto de la piedad de mi esposo en medio de su sufrimiento ha sido una influencia clave en mi maternidad.

Aun en medio del dolor, veo evidencia abundante de la gracia de Dios obrando en nuestras vidas. Nuestras dificultades de cada día son oportunidades para testificar que "el gran amor del Señor nunca se acaba, y Su compasión jamás se agota" (Lam 3:22).

Quería compartir esa parte de mi vida contigo porque ha moldeado mi perspectiva sobre lo que significa tener "tus manos llenas" física y emocionalmente. Tener más trabajo físico del que había previsto para esta etapa de mi maternidad me obliga a depender del Señor para recibir de Él las fuerzas y la provisión que necesito. Estoy aprendiendo de primera mano que buscar refugio y fuerzas en el mundo me deja insatisfecha y débil. Dios ha usado las circunstancias físicas de nuestra familia para mostrarme la única gran circunstancia que es permanente en mi vida: el evangelio de Jesucristo. Estoy ansiosa por compartirte más acerca de esto y de cómo se relaciona con la maternidad.

Mis manos están llenas de trabajo arduo, ayudando a mi esposo y criando a nuestros cuatro hijos. Tus manos están llenas también, aunque tus circunstancias como madre sean diferentes a las mías. En nuestro trabajo transcultural hemos tenido el privilegio de viajar por el mundo, y ahora vivimos en una ciudad global donde viven personas de más de cien nacionalidades. Hay madres de todo tipo, pero creo que la declaración es universalmente cierta: las manos de una madre siempre están llenas.

Pero, ¿llenas de qué?

A veces mi hijo juguetón me regala mocos o materia alimenticia no discernible que encuentra debajo de su silla alta. Mis niñas me dan notas crípticas hechas con sus bolígrafos de gel escarchado. Es parte de mi trabajo como madre aceptar estas ofrendas de amor con alegría (y a veces con jabón desinfectante para manos).

El viejo refrán es muy cierto: "El trabajo de una madre nunca termina". Cuando las madres están cuidando a sus hijos, pueden estar cargándolos físicamente, recogiendo platos que hayan dejado por la casa, trabajando para ayudar con la provisión para sus hijos, separando a hermanos que estén peleando, pasando las páginas de un libro de cuentos, o pasando la aspiradora sobre restos de palomitas de maíz.

Las madres también tienen sus manos llenas con abrazos y palmaditas. Podría decirse que muchas veces al día (o en el transcurso de una hora), una madre podría también llevarse las manos a la cabeza en señal de frustración y alzar sus manos en oración mientras le pide a Dios que la ayude.

Ya sea que tus manos estén llenas de bendiciones o de dificultades, o de una combinación de ambas, la Palabra de Dios provee de aliento específico para ti.

Hay mucho que decir acerca del trabajo de una madre, aparte de que es difícil y que nunca termina. Hay belleza y sabiduría y dignidad dadas por Dios en el trabajo de una madre. Hablaré sobre algunas de estas cosas en este libro.

Pero lo que más deseo comunicar en estas pocas páginas es que las madres pueden apreciar una realidad aún mayor que su rol como madres. No importa de dónde seas ni cuáles sean tus circunstancias;

la mayor realidad que una madre puede apreciar y en la que puede descansar es la obra que Jesús ha hecho en la cruz a nuestro favor.

» La obra purificadora de Jesús a través del sacrificio de sangre de Su propio cuerpo en la cruz es mayor que la avalancha de ropa sucia que tengas en casa.
» La resurrección victoriosa de Jesús y Su triunfo sobre la muerte son mayores que el caos que se arma en tu casa cada mañana antes de salir.
» El reinado soberano de Jesús sobre el cosmos y la esperanza de que Él someterá todas las cosas bajo Sus pies son mayores que los planes que has hecho para esta noche, que tu agenda apretada para el fin de semana, y que las ideas que tengas acerca del futuro de tus hijos.

Las manos de la madre cristiana están llenas de toda bendición espiritual en Cristo (Ef 1:3), y cada madre tiene el privilegio de participar en la obra de Dios de unir todas las cosas en Jesús (Ef 1:10) a través de la crianza de sus hijos en el temor del Señor. Este Jesús, a quien servimos con mucho gusto, ofrece descanso a las madres y llena nuestras manos de sus bendiciones. Día y noche, un momento a la vez, debemos escoger descansar en Jesús. Eso es lo que significa valorar a Cristo cuando tus manos están llenas, ya sea que tengas un hijo o una docena.

Una madre que ha nacido de nuevo a una esperanza viva por medio de la resurrección de Cristo tiene una herencia que es indestructible, incontaminada e inmarchitable, reservada en el cielo para ella (1P 1:3-4). Aunque las manos de una madre estén llenas de problemas, trabajo difícil y un futuro desconocido, ella está siendo guardada por el poder de Dios a través de la fe, para una salvación que se revelará en los últimos tiempos (1P 1:5). Por causa del evangelio, nosotras podemos regocijarnos como madres al ver nuestras manos llenas de bendiciones en Jesús, porque todo lo que tenemos es por gracia. El teólogo Herman Bavinck dijo que gracias a que Jesús fue sacrificado en la cruz por nuestros pecados, "Dios puede liberar al mundo y a la humanidad del dominio del pecado y expandir Su reino".[1] Estas son muy, *muy* buenas noticias.

Necesito que me recuerden estas noticias todo el tiempo, docenas de veces al día. Necesito recordatorios porque soy capaz de defender y de explicarle a otras madres una teología bíblica de la gracia de Dios, y aun así no vivir basada en la identidad y la esperanza que Dios me da.

LAS BUENAS NOTICIAS PARA CADA DÍA

Jonathan Edwards solía orar y pedirle a Dios: "Sella la eternidad en mis ojos". Esta oración se ha convertido en la petición de mi propio corazón.

Cuando tus ojos están fijos en el horizonte de la eternidad, tu visión de la maternidad cambia. Necesitamos ojos que nos den una perspectiva tan grande y tan gloriosa de Dios, que transforme la forma en que vemos la maternidad. En el contexto de la eternidad, donde Cristo está ejerciendo Su obra de reinar sobre el cosmos, necesitamos ver nuestros momentos mundanos como lo que realmente son: adoración. En el trabajo diario (y nocturno) de la maternidad, cada vez que Él nos recuerda la esperanza que tenemos gracias a Su evangelio, Él nos invita a adorarle. Mi oración es que veas que el evangelio es una buena noticia para las madres, no solo el día de nuestro "cumpleaños espiritual", sino todos los días.

El ministerio del Espíritu Santo incluye alinear nuestras inseguridades subjetivas como madres con la realidad objetiva de nuestra seguridad eterna en Cristo. Como madres, necesitamos entrenarnos para enfocarnos en las cosas que son invisibles y eternas (2Co 4:18). En medio de nuestra lucha por mantener esta perspectiva, e incluso cuando no logramos luchar, cediendo ante la tentación de la apatía, debemos ir a la Palabra de Dios y creerla, aun cuando no tengamos ganas. Necesitamos ser mujeres de la Palabra de Dios, cuya petición diaria sea: "Instrúyeme, Señor, en Tu camino para conducirme con fidelidad. Dame integridad de corazón para temer Tu nombre" (Sal 86:11). Al caminar en la verdad de Dios, también percibiremos las invitaciones del Espíritu a orar. Aunque fueron escritas para pastores, las palabras de Martyn Lloyd-Jones acerca de la oración son relevantes también para nosotras:

> Siempre responde a cada impulso que tengas de orar… ¿De dónde viene? Es la obra del Espíritu Santo (Fil 2:12-13)… Así que nunca te resistas, no lo pospongas, no lo ignores porque estés ocupado… Tal llamado a la oración nunca debe ser considerado como una distracción; siempre responde a él inmediatamente, y dale gracias a Dios si te pasa con frecuencia.[2]

El trabajo de una madre es santo para el Señor.

Como madres, miramos a Jesús no solo como nuestro ejemplo; también vemos que Él es quien nos da el poder para amar a Dios y a nuestros hijos. Debido a que Cristo ha hecho por nosotras lo que nunca podríamos hacer por nosotras mismas, con *Su* poder podemos pedirle perdón a nuestros hijos cuando pecamos contra ellos, porque Dios nos ha perdonado en Cristo (Mt 6:12-15; Col 3:13). Con *Su* poder podemos humillarnos en nuestro trabajo como madres, porque nadie ha manifestado más humildad que nuestro Redentor cuando renunció a Su derecho de quedarse en el cielo, y murió la muerte que nosotras merecemos (Fil 2:3-8). Con *Su* poder podemos servir a nuestra familia con amor sacrificial, porque el Hijo se sometió gustosamente a la voluntad del Padre (Jn 5:20, 23; 14:30-31). Y aun cuando no amamos como Él ama, Él es nuestra justicia. Jesús ha hecho por nosotras lo que nunca podríamos hacer por nosotras mismas. Jesús es nuestra ancla, y nos ha anclado en Su amor; nada, nada, *nada* nos separará del amor de Dios en Cristo Jesús, nuestro Señor (Ro 8:39).

El evangelio está por encima y más allá de todas las filosofías más prácticas, familiares o rentables de la maternidad. Las buenas noticias de Jesucristo son superiores a nuestras listas de tareas y al trofeo metafórico a la "madre del año". Esto se debe a que el mayor problema de una madre no es la falta de creatividad, logros o habilidades, sino su incapacidad para amar a Dios y a los demás como Jesús la ama (Jn 13:34). Sin un mediador que interceda por nosotras, nuestro pecado seguramente nos separará de nuestro Dios santo, ahora y por siempre (Ro 3:23). Si esa idea nunca te ha alarmado y llevado hasta la cruz de Jesucristo, entonces te animo a que por favor sigas leyendo.

Atesorando a Cristo cuando tus manos están llenas no es una lista de tareas para llegar a ser una buena madre. Se trata de nuestro buen Dios y de lo que Él ha hecho. La gracia irresistible de Dios une nuestro corazón errante con el Suyo y nos libera para amarlo a Él y a nuestros prójimos. Fuimos rescatadas del pecado y de la muerte, y hemos recibido la vida eterna por la preciosa sangre de Cristo (1P 1:18-19). Y gracias a la obra de Cristo en la cruz, podemos reflejar el amor de Dios en nuestros hogares y en el mundo, aunque nuestras manos estén llenas (Gá 5:16-26, Ef 4:17 – 6:8).

Aunque no me atreva a ofrecerles consejos sabios para ser mejores madres (mi hija mayor todavía está en la escuela primaria), la aplicación del evangelio a la maternidad es algo sumamente práctico. Mantuve una nota en mi escritorio mientras escribía estas páginas. La nota dice: "Resiste el impulso de reducir la Palabra de Dios a buenos consejos para vivir bien: dales el evangelio".[3] Los consejos prácticos basados en la Biblia nunca salvaron el alma de nadie de la destrucción ni nos ayudan a tener una perspectiva eterna de lo mundano. Es Jesús quien salva, y el fruto del Espíritu es mucho más dulce que las flores infructuosas de una mera vida moral. Dios nos transforma de adentro hacia afuera. El puritano Jeremiah Burroughs lo expresó muy bien: "El contentamiento es algo dulce que viene del corazón. Es una obra interna del Espíritu".[4]

Puede que las circunstancias de tu maternidad sean difíciles, problemáticas y confusas. Aun así, hay una circunstancia que sobrepasa todas las complejidades de tu vida. Es la simple verdad de que la única gran circunstancia permanente en la que vives es que, si estás unida a Cristo por gracia mediante la fe, se te ha permitido caminar en novedad de vida. Nuestro gozo no debe estar basado en la maternidad, sino solo en Dios. Todas debemos dejar que el Espíritu haga Su "obra interna" y maravillarnos cuando veamos que el Señor está cultivando ese dulce contentamiento interior en nuestro corazón, a medida que aprendemos a confiar en Él.

Tal vez te despertaste antes que el sol esta mañana para disfrutar de una dulce comunión con el Señor y hacer algo de trabajo, y ahora te parece que el día nunca terminará. Te entiendo. No sé cuántas veces me he preguntado: "¿Ya es hora de acostarse?". En días como estos, tenemos que recordar que cada día es como un suspiro que es demasiado breve para medirlo, pero que está lleno de significado eterno. Y en este breve suspiro de un día ordinario, el Espíritu Santo estalla y hace que el amor de Dios en Cristo se desborde en nuestros corazones. Esto es asombroso. Jesús nos invita a algo mucho más firme e indestructible que el marcador permanente de color púrpura que tu hijo usó para decorar los gabinetes blancos de tu cocina. Por Su amor, Jesús nos invita a que vayamos hacia Él. Él dice en Juan 15:9: "Así como el Padre me ha amado a Mí, también Yo los he amado a ustedes. Permanezcan en Mi amor".

Es mi oración que lo que encuentres en este libro te ayude a atesorar a Cristo, pues Él ha llenado tus manos con la buena obra de la maternidad. Yo también necesito recordar estas cosas, así que estas meditaciones acerca del evangelio también podrían ser una larga "nota a mí misma". Pidámosle a Dios que, por Su gracia, refresque nuestros corazones y renueve nuestras mentes por medio de Su Palabra y Su Espíritu, para que nos maravillemos con "las obras maravillosas de Aquel que [nos] llamó de las tinieblas a Su luz admirable"(1P 2:9).

PARTE 1

DIOS HIZO LA MATERNIDAD PARA SÍ MISMO

1

MANOS LLENAS DE BENDICIONES

Hace unos años, nuestra familia tuvo la bendición de vivir en los dormitorios de una villa que albergaba las oficinas de nuestra iglesia y otros espacios comunitarios. En la planta baja siempre tenían alguna actividad, ya fuera el grupo de jóvenes, un estudio bíblico o alguna comida fraternal internacional.

A pesar de que había gente entrando y saliendo de nuestra casa todo el tiempo, a veces me daba fobia de estar encerrada. Simplemente me daban ganas de salir de casa.

Afortunadamente, vivíamos cerca de un gran centro comercial, así que podía salir de casa (y evitar el calor del desierto). A veces recogía a los niños y los llevaba a ver las vitrinas de las tiendas, y lo convertía en una experiencia educativa. "¿Cuántos platos ves encima de esta mesa de exhibición?". "Inventémonos una historia sobre esos modelos que llevan los abrigos de invierno". "A ver quién es el primero que encuentre el vestido más barato en esta vitrina".

Cuando llevo a mis hijos a un lugar público como el centro comercial, me convierto en una especie de pastora de gatos. (¿Los gatos se pueden pastorear?). "Quédate aquí con mamá". "¡No toques eso!". "¿De dónde sacaste *eso*? No te lo lleves a la boca". "No se aruñen; agárrense de las manos suavemente". "Vamos, chicos; sigan caminando".

En una ocasión estaba acomodando a mis chicos en una de las mesas del comedor de un centro comercial, cuando una mujer encantadora se sentó a nuestro lado.

Podríamos decir que donde vivimos prácticamente no hay "extraños", y que la hospitalidad aquí es impecable. La hospitalidad se extiende más allá de la sala de estar, pues la gente se involucra alegremente en la vida de los demás durante el día. Su sentido de comunidad se extiende mucho más allá de sus amigos personales. Aquí el adagio africano "Se necesita un pueblo para criar a un niño" no es solo un dicho, sino una realidad normativa y que es honrada. A veces parece que el simple hecho de compartir el espacio de la fila para usar el cajero automático es suficiente como para crear ese sentido de comunidad entre las personas.

"¡Tienes las manos llenas!", dijo sonriente nuestra compañera de almuerzo, mientras acariciaba los rizos rubios de mi hija menor. "¡Qué hermosa! *Mashallah*" (que significa "Dios la bendiga" en árabe).

Solía molestarme cuando me decían que mis manos estaban llenas.

Debido a que soy acomplejada e insegura, veía estos comentarios como una afrenta a mi capacidad de criar bien a mis hijos. Asumía que las personas que me decían esto estaban insinuando que mis hijos no tenían buenos modales y que yo no tenía ni idea de cómo criarlos, que mis manos estaban llenas porque no tenía mi maternidad bajo control. Cuando escuchaba este comentario, me ponía a la defensiva y respondía con arrogancia (y a veces sigue siendo una tentación para mí).

Ahora cada vez que alguien me dice que tengo las manos llenas, estoy de acuerdo con ellos por dos razones. Primero, porque noventa y nueve veces de cada cien, la gente quiere decir *literalmente* que tengo las manos llenas.

"Déjame ayudarte con eso". La amable mujer se levantó para tomar la bandeja que yo estaba sosteniendo mientras intentaba tirar del cochecito del bebé con mi tobillo para acercarlo a la mesa.

En segundo lugar, estoy de acuerdo con la gente que dice que mis manos están llenas porque mis manos no solo están llenas. Están *repletas* —de bendiciones.

Cuando la gente me dice que mis manos están llenas, es un buen momento para recordar que es cierto. "¡Sí! ¡Mis manos están repletas con los dones de Dios!".

La abundancia de dones que Dios me ha dado a través de la maternidad no es cuantificable por el número de niños que tengo o lo hermosos que sean para mí. Los dones que Dios le ha dado a las madres no pueden ser contenidos ni cuantificados por sus hijos.

TODA MADRE TIENE LAS MANOS LLENAS

La maternidad viene con problemas reales, con mucho desaliento y con trabajo que es verdaderamente duro. Decir: "Ser madre no es fácil", es como decir: "El chocolate es delicioso". Es obvio. Basta con ver a una mamá con nueve meses de embarazo intentar salir de un coche sin desgarrarse algún músculo en el intento. Basta con escuchar a una madre compartir las luchas que hay en su corazón mientras espera que le entreguen ese niño que va a adoptar. O pídele a una madre que te diga sus peticiones de oración. Ser madre no es fácil.

Pero a veces las madres sienten que sus manos están llenas de inconvenientes, trabajo ingrato y futilidad. Mantener la perspectiva de que Dios te ha bendecido en abundancia es una lucha muy real. La lucha por la fe no puede ser llevada a cabo con la caprichosa idea de que solo tienes que ver "el vaso medio lleno". La lucha por la fe debe ser enfrentada con sensibilidad y gracia, y siempre debe estar sometida a la inerrancia y la autoridad de la Palabra de Dios.

Sé que las luchas, las decepciones y el dolor en la maternidad son temas importantes, así que es con toda seriedad y sinceridad que me recuerdo a mí misma lo que el apóstol Pedro dice en 1 Pedro 1:3-5: "He nacido de nuevo a una esperanza viva por medio de la resurrección de Cristo, y tengo una herencia que es indestructible, incontaminada e inmarchitable, guardada en el cielo para mí. Aun cuando mi vida esté llena de angustias y victorias triunfantes, preguntas y esperanzas, estoy siendo guardada por el poder de Dios a través de la fe para una salvación que se revelará en los últimos tiempos". Predicarme el evangelio a mí misma cada día es la mejor manera de recordar que mi vida en Cristo es *la* realidad imperante y permanente en mi vida. El Espíritu Santo que mora en mi interior consuela mi alma con las verdades de la Palabra de Dios.

Cuando Jesús me rescató del infierno, también me rescató para Sí mismo. He sido librada de una eternidad en la que sufriría el castigo que merezco, y se me ha otorgado vida eterna junto a mi Salvador. Él tomó aquella copa, completamente llena de la ira de Dios contra el pecado, y se bebió hasta la última gota. Pero no me devolvió una copa vacía (que en sí habría sido una misericordia con un valor indescriptible).[5] La Biblia dice que mi vaso no solo está medio lleno. Por la obra de Jesús, nuestra copa está rebosando de las tantas bendiciones de Dios (Sal 23:5).

Sé que probablemente no me libraré del próximo pañal que ensucie el suelo de mi coche mientras esté atrapada en el tráfico con niños quejosos que solo quieren salir y jugar. Pero el evangelio me libra de tener que responder a esos problemas tal y como mi carne pecaminosa preferiría. Más bien, soy fortalecida por Su gracia porque sé que en esas ocasiones en que *sí* responda pecaminosamente, Dios ve la justicia de Jesucristo que ha sido imputada a mi cuenta. Por causa del evangelio también puedo ver las buenas intenciones de Dios de cumplir Sus promesas de hacer que me parezca más a Cristo y acercarme más a Él. Estas son solo algunas de las maneras en que aplicamos el evangelio en nuestras vidas cotidianas como madres.

¿De qué maneras el evangelio de Jesucristo impacta tu vida de forma significativa cuando tu realidad temporal parece resumirse básicamente a cosas mundanas, como pañales sucios y rabietas en el supermercado?

Cualquier persona puede aconsejarte sobre cómo lidiar con estas cosas prácticas y tangibles. Por ejemplo, alguien podría sugerirte que compres un poncho y que lo uses hasta que tus hijos estén en la secundaria. Para controlar tus rabietas públicas, tal vez podrías entrar en un armario y hacerlas en privado. ¿Oh? ¿Creías que me refería a la rabieta *de tu hijo* en el supermercado? Bueno, ¡ese es otro tema!

Ya sea que tu primer hijo esté recién concebido en tu vientre, o que te hayan aprobado para una adopción, desde ya puedes probar la bondad de Dios para ti en la maternidad.

Cuando *no* veo la maternidad como un don de Dios para santificarme, sino como un rol con tareas que se interponen en mi camino, estoy perdiéndome de uno de los medios ordenados por Dios para mi crecimiento espiritual. No solo eso, sino que no estoy *disfrutando a Dios*. Ninguna cantidad de angustia maternal puede compararse a la miseria que proviene de una vida desprovista de la presencia reconfortante, alentadora, protectora, proveedora y satisfactoria de nuestro Dios santo.

Quiero para mí misma lo que Pablo quiso para sus amados filipenses: "Pongan en práctica lo que de mí han aprendido, recibido y oído, y lo que han visto en mí, y el Dios de paz estará con ustedes" (Fil 4:9). Quiero que la paz de Dios reine sobre mi maternidad.

Quiero para mí misma lo que el escritor de Hebreos quiso para sus lectores: "Busquen la paz con todos, y la santidad, sin la cual nadie verá al Señor" (Heb 12:14). Quiero vivir cada día de la manera en que recibí a Cristo, es decir, por gracia mediante la fe. Necesito quitarme el ropaje de la vieja naturaleza, ser renovada en la actitud de mi mente, y ponerme el ropaje de la nueva naturaleza, creada a la imagen de Dios, en verdadera justicia y santidad (Ef 4:20-24). John Owen comentó lo siguiente acerca del papel del evangelio en esta búsqueda: "¿Qué es entonces la santidad? La santidad no es otra cosa que la implantación, la escritura y la vivencia del evangelio en nuestras almas (Ef 4:24)".[6]

Por supuesto que esta vida de fe, infundida por la gracia, cambia drásticamente la manera en que crío a mis hijos, pero más aún, mantiene mi mirada fija en Dios. Podría decirse que el mandamiento más amoroso de la Biblia es este:

> ¡Súbete a un monte alto, mensajera de Sión! ¡Levanta con fuerza tu voz, mensajera de Jerusalén! ¡Levántala sin miedo y di a las ciudades de Judá: '¡*Vean aquí a su Dios*!'. (Is 40:9 RVC)

Quiero ser contada entre aquellos que "verán al Señor". ¡Quiero contemplar a mi Dios!

DONES CON UN PROPÓSITO SANTO

Los dones que Dios nos da sirven para este santo propósito: llevarnos a alabar al Dador de esos dones. Si disfrutas el don de tus hijos y el don de tu maternidad, pero tu gozo se limita a esos dones, entonces no has entendido el punto de esos dones.

El don de la maternidad sirve para que las madres lleguen a atesorar a Jesucristo a medida que Él nos va transformando de adentro hacia afuera.

Ese es el tema que voy a tratar en este libro. En el caso de que estés demasiado ocupada para leer el resto (¡sé lo que es eso!), la esencia de mi tesis es la siguiente:

Por causa del evangelio —la noticia sobre lo que Jesús hizo en la cruz para salvar a pecadores— las madres que hacen de Cristo su tesoro pueden regocijarse en su trabajo a medida que Dios obre en ellas.

Por causa de Jesús, todo lo que un cristiano recibe es gracia sobre gracia sobre gracia. Por la gracia de Dios, nuestras manos están llenas hasta desbordarse con Sus riquezas en Cristo Jesús. Estas riquezas incluyen el fruto del Espíritu Santo: amor, alegría, paz, paciencia, amabilidad, bondad, fidelidad, humildad y dominio propio (Gá 5:22-23). Las madres "que son de Cristo Jesús han crucificado la naturaleza pecaminosa, con sus pasiones y deseos" (Gá 5:24). Las madres que viven por el Espíritu Santo también deben andar guiadas por Él (Gá 5:25). Así que, tal y como nos exhorta Pablo: "No dejemos que la vanidad nos lleve a irritarnos y a envidiarnos unos a otros" (Gá 5:26). En lugar de esto, debemos perseguir la paz unos con otros y edificarnos unos a otros en nuestra santísima fe. Pero incluso estas manifestaciones del fruto del Espíritu no son un fin en sí mismas. Cuando Dios hace Su obra de santificación, lo hace con un fin en mente: nuestra glorificación junto a Cristo Jesús.

Lee Romanos 8:12-17 pensando en ti misma.

"Por tanto, [pon tu nombre aquí]…"

Por tanto, hermanos, tenemos una obligación, pero no es la de vivir conforme a la naturaleza pecaminosa. Porque si ustedes viven conforme a ella, morirán; pero si por medio del Espíritu dan muerte a los malos hábitos del cuerpo, vivirán. Porque todos los que son guiados por el Espíritu de Dios son hijos de Dios. Y ustedes no recibieron un espíritu que de nuevo los esclavice al miedo, sino el Espíritu que los adopta como hijos y les permite clamar: "¡Abba! ¡Padre!". El Espíritu mismo le

> asegura a nuestro espíritu que somos hijos de Dios. Y si somos hijos, somos herederos; herederos de Dios y coherederos con Cristo, pues si ahora sufrimos con Él, también tendremos parte con Él en Su gloria.

Sí, madre, tus manos están llenas, literalmente. Y tus manos están llenas hasta rebosar de gracia, y esto se lo debes a Aquel que extendió Sus manos en la cruz por amor a ti.

2

DIOS MUESTRA SU OBRA A TRAVÉS DEL INSTINTO MATERNAL

"¡Se está comiendo a su bebé!".

Mi hija gritaba horrorizada mientras veíamos un programa de televisión sobre animales. El narrador explicó muy tranquilamente que cuando las madres de ciertas especies de animales se sienten amenazadas, se comen a sus crías.

Yo consolé a mi hija, diciéndole: "No te preocupes, cariño. Nunca te comería. A pesar de que los deditos de tus pies se ven tan *sabrosos*". Los gritos continuaron mientras fingía comerme los dedos de sus pies.

LA MAMÁ OSA

Siento que soy capaz de levantar un autobús con tal de proteger a mi descendencia, pero si me pides que le dé a uno de ellos mi batido de plátano, realmente tendría que pensarlo. El instinto de una madre para cuidar de su hijo es algo curioso. No creo que alguna vez me olvide de aquel incidente en el que mi segunda hija, que era una bebé, se perdió en medio de una multitud agitada por 30 segundos.

Estábamos en una multitud de unas miles de personas a las que se les prohibió entrar a una estación de metro después de un espectáculo de fuegos artificiales en la inauguración del *Burj Khalifa*, el edificio más alto del mundo. Miles de espectadores habían llegado en el metro para ver los fuegos artificiales, por lo que miles de nosotros necesitábamos usar los trenes para llegar a casa. Pero justo después de que el espectáculo terminó, los trenes aún no estaban listos para ser abordados porque las tripulaciones estaban trabajando duro para acomodar a esta cantidad masiva de viajeros.

Era muy tarde. Estábamos exhaustos y hambrientos, y todos queríamos ir a casa. Estábamos apretados entre una multitud que estaba cada vez más inquieta. No había espacio para moverse, y la gente estaba tan apretujada que tuve que levantar a nuestra niña del suelo para que no la aplastaran. La bebé estaba segura en el cochecito. Finalmente, los guardias armados abrieron las puertas de la estación de tren y gritaron por encima del estruendo de la multitud para que las familias con bebés pudiéramos entrar primero.

¡Qué alivio ! ¡Al fin! Ya podíamos irnos a casa.

Los guardias despejaron el camino para que las familias jóvenes entráramos a la estación, pero estábamos lejos de la puerta. Había tanta gente que no podíamos movernos ni un centímetro hacia delante. Un hombre que estaba cerca nos vio y sugirió que plegáramos el cochecito para que él y su amigo lo pudieran levantar por encima de la multitud hasta las puertas abiertas. Nos pareció una gran idea. Dado que mi marido no podía cargar a ninguna de las niñas ni levantar el cochecito debido a la condición de sus brazos, le dije: "¡Gracias!".

Solté a Norah de su cochecito y se la pasé a la mujer que estaba a mi lado para yo poder plegarlo. Solo necesitaba dos segundos para poder hacerlo y entonces tratar de atravesar la multitud. Pero en el segundo que me tomó plegar el cochecito, mi bebé desapareció de mi vista. El cochecito estaba volando por encima de la muchedumbre, y al parecer Norah también, y sentí una oleada de rabia casi primitiva que hizo que todo mi cuerpo empezara a temblar. Mis cuerdas vocales alcanzaron un volumen nunca antes emitido por mi pequeña voz, cuando grité ferozmente:

"¡¿DÓNDE... ESTÁ... MI... BEBÉ?!".

La multitud, que hasta ese momento había estado alternando entre murmullos y gritos, se quedó muda. Hasta yo misma me asusté.

Cientos de ojos se volvieron hacia mí mientras buscaba entre la muchedumbre para encontrar a mi hija. Al principio parecía que nadie respiraba, pero luego todos empezaron a susurrar con preocupación.

Solo escribir acerca de esto me hace sentir nuevamente los efectos de esa descarga de adrenalina. En cuestión de segundos, fuimos empujados a través de la multitud hasta llegar a las puertas abiertas de la estación de tren, casi por ósmosis.

Y, alabado sea el Señor, allí estaba Norah, sana y salva, llorando en los brazos de un viajero bien intencionado. De alguna forma, mi bebé había sido pasada de una persona a otra y a otra, y esa última persona que la estaba sosteniendo ya había entrado en la estación de tren.

Aliviada y enojadísima a la vez, se la arrebaté y gruñí: "Pásame a *mi bebé*". La "mamá osa" todavía estaba furiosa por todo el drama. Saqué nuestro cochecito de una pila de otros cochecitos que también habían volado hasta allí, senté a mi hija y fuimos caminando hacia el ascensor para tomar el primer tren. Mi esposo y yo lloramos durante los 45 minutos del trayecto a casa. A medida que desaparecía toda la tensión de esta situación, comenzamos a pensar en todo lo que pudo haber pasado, y derramamos nuestras ansiedades ante Dios, agradeciéndole por haber intervenido a nuestro favor.

MATERNIDAD CENTRADA EN CRISTO

Puede que algunas veces te hayas sentido como una mamá osa cuando proteges o defiendes a tus hijos, pero está claro que tu maternidad instintiva es diferente a la de un animal salvaje. Richard Baxter, en su estilo puritanesco, describió cómo Dios creó el instinto maternal para la alabanza de Su gloria:

> Las mujeres en especial deben esperar tanto sufrimiento en la vida matrimonial, que si Dios no hubiera puesto en ellas una inclinación natural y un amor tan fuerte hacia sus hijos, ni les hubiera dado la paciencia para soportar las pruebas más fastidiosas, el mundo hubiera llegado a su fin, por ellas negarse a vivir una vida tan calamitosa.
>
> Sus malestares durante el embarazo, sus dolores de parto, poner sus vidas en riesgo, atender a problemas tediosos día y noche; los cuales tienen con sus hijos durante su lactancia y su infancia; además de someterse a sus esposos, y el cuidado continuo de los asuntos familiares; obligadas a consumir sus vidas en una serie de asuntos bajos y problemáticos: todo esto, y mucho más, habría disuadido totalmente a ese sexo del matrimonio, si la propia naturaleza no las hubiera inclinado a ello".[7]

Por encima y más allá del reino animal, en el que hay numerosas muestras de esos rasgos distintivos de una mamá osa, como seres humanos poseemos un instinto maternal que tiene una meta y un propósito *redentor*. Cuando criamos a nuestros hijos por fe, no estamos simplemente regresando al Edén en la semejanza de Eva, la madre de todos los vivientes, que se vistió de hojas de higuera después de haber pecado. En lugar de vestirnos con hojas de higuera y trapos sucios de nuestras "buenas obras" de justicia propia, nos vestimos con la justicia de Cristo, participando en el plan de Dios para redimir la creación a través de Jesús. Habiendo nacido de nuevo, caminamos sobre esta tierra en la novedad de la vida eterna en Cristo, ocupándonos en los negocios que Él tiene para nosotros. Esos negocios tienen que ver con el discipulado de las naciones (Mt 28:18-20). El resultado de nuestro trabajo es que la gente alabará a nuestro Padre cuando vean nuestras buenas obras, y la gloria de Dios llenará la tierra.

La imagen de Dios es gloriosamente exhibida en Cristo Jesús, que es la imagen exacta del Dios invisible (Col 1:15). Por la gracia común de Dios, el instinto de una madre de sufrir, amar, ejercitar la paciencia, soportar el dolor y trabajar por el bien de sus hijos es un reflejo de la imagen de Dios. A través de la gracia que se nos muestra en el evangelio, el amor de una madre por su hijo refleja el amor de Cristo de una manera muy especial.

HERMANAS QUE VIVEN EN COMUNIDAD

A través de la gracia que se nos muestra en el evangelio, vemos cómo el amor de Cristo también transforma nuestro amor por otras madres en Cristo. Compartimos un solo Señor y una sola fe, y juntas estamos discipulando a nuestros hijos para que amen a Jesús. Por medio de la gracia de Dios, debemos despojarnos de nuestra vieja naturaleza, que instintivamente prefiere dominar a otras madres, y ponernos la nueva naturaleza, que ama la santidad (Ef 4:20-24). Hemos de dejar la mentira y hablarles a otras madres con la verdad, porque somos miembros de un mismo cuerpo. No deberíamos pecar enojándonos unas contra otras, ni guardando rencor para que el diablo lo use y así cause división. Hemos de hablar con palabras que edifiquen y den gracia a nuestros oyentes. Hemos de desechar toda amargura, calumnia y malicia que sentimos hacia otras madres. Más bien, nuestro deber es ser bondadosas unas con otras, compasivas, perdonándonos unas a otras, como Dios nos ha perdonado en Cristo (Ef 4:25-32).

Dado que nuestros corazones se han unido en amor a través de Cristo (Col 2:2), compartimos un vínculo que es más profundo que cualquier lealtad, denominación, interés común o etnia (tanto racial como cultural). Las hermanas en Cristo gozan constantemente de una dulce comunión, pues su educación y opiniones palidecen en comparación con la unidad de su fe en Cristo.

Tiene sentido, entonces, que como parte de los santos y amados elegidos de Dios, juntas nos vistamos de corazones compasivos, de bondad, humildad, mansedumbre y paciencia hacia las demás. Si encontramos que no tenemos nada bueno qué decir acerca de nuestra hermana en Cristo, entonces debemos llenar nuestro corazón de otra cosa (Sal 19:14, 71:8, Mt 15:18). Si descubrimos que nos hemos dividido en grupitos, separadas por cosas mezquinas como estilos de crianza o comida procesada, entonces debemos recordar que todas somos parte de un solo cuerpo. Sabemos que debemos soportarnos unas a otras y perdonarnos unas a otras por las quejas que tenemos, así como Dios en Cristo nos ha perdonado (Col 3:12-13). Todo esto es parte de cómo demostramos que nos amamos unas a otras con el amor distintivo que nos marca como seguidoras de Cristo (Jn 13:35). Apreciamos a Cristo cuando atesoramos a nuestras hermanas, por quienes Jesús murió para salvarlas.

Estas virtudes e ideales cristianos son muy agradables y atractivos para nosotras. ¿Qué mujer no quiere ser más compasiva? ¿Qué mujer no necesita ser más paciente? Sin embargo, nos suele pasar que preferiríamos mirar mal a alguien desde lejos, que ir y acercarnos a esa hermana con el fin de amonestarla humildemente con la sabiduría de Dios. Nos gustan nuestras divisiones, la posición que ocupamos en nuestro grupito, y nuestra capacidad de influenciar en las decisiones personales de otras mujeres.

Sabemos que el problema está en nuestro corazón y que nuestros afectos están desordenados. Cristo es hermoso para nosotras, *estamos* unidas a Él por la fe, y *anhelamos* ver Su reino establecido aquí en la tierra. Queremos poseer estas virtudes cada vez más para que podamos ser efectivas y fructíferas en nuestro conocimiento del Señor

Jesús. Es como si tuviéramos estreñimiento espiritual; eso suena bastante desagradable e incómodo. Nos hace falta arrepentimiento y fe.

Por la fe comprendemos el hecho glorioso de que necesitamos que el amor de Cristo nos controle (2Co 5:14) y nos dé el deseo de amarnos las unas a las otras con amor fraternal y de honrarnos mutuamente (Ro 12:10). Algo de suma importancia en nuestro crecimiento en la piedad es que permanezcamos en Cristo y Él en nosotras (Jn 15:1-11). Apartadas de Cristo nada podemos hacer. Pero como estamos unidas a Cristo por la fe, el Espíritu vive en nosotras y le asegura a nuestra alma que somos hijas de Dios. Romanos 8:1-2 dice: "Por lo tanto, ya no hay ninguna condenación para los que están unidos a Cristo Jesús, pues por medio de Él la ley del Espíritu de vida me ha liberado de la ley del pecado y de la muerte".

En Cristo somos libres del castigo del pecado y libres para amar a los demás como Él nos ha amado. Este amor, provisto y potenciado por Cristo, tiene un contexto: el jardín de la comunidad. En Efesios 3:17-19 Pablo ora "para que por fe Cristo habite en sus corazones. Y pido que, arraigados y cimentados en amor, puedan comprender, junto con todos los santos, cuán ancho y largo, alto y profundo es el amor de Cristo; en fin, que conozcan ese amor que sobrepasa nuestro conocimiento, para que sean llenos de la plenitud de Dios".

Estar "llenos de la plenitud de Dios" es una frase que Pablo utilizó para describir la madurez espiritual. Esta madurez, tal como él la describe, se logra a medida que exploramos las dimensiones ilimitadas del amor de Jesús. ¿Ves cómo Pablo plantó el contexto de nuestra madurez espiritual en el jardín de la comunidad? Él ora para que lo podamos comprender "junto con todos los santos". Cristo vive en nuestros corazones individuales a través de la fe, y Su amor, que sobrepasa todo entendimiento, lo experimentamos en comunidad.

Necesitamos que otras mujeres cristianas en nuestras vidas nos ayuden a comprender cuán ancho, largo, alto y profundo es el amor de Cristo. Desconectar nuestra vida espiritual de nuestra interacción con otras mujeres es inútil y dañino espiritualmente. Cuando relegamos nuestra comunión con otras mujeres a conversaciones sobre cosas banales y evitamos hablar de las cosas eternas, no nos estamos haciendo ningún favor a nosotras mismas ni a nuestras amigas.

Las mujeres cristianas son hermanas en el nivel más profundo de la comunidad, unidas en Cristo por toda la eternidad. Hablando una vez más en términos de tejidos, Jesús no es un mero "hilo común" que compartimos como hermanas en Cristo —Él es el tapiz. Jesús es la cabeza misma en la que estamos creciendo en todos los sentidos al ser edificadas en Su amor (Ef 4:15-16). Es cierto que otras madres pueden darte muy buenos consejos en cuanto al cuidado de tus hijos y apoyar tus decisiones sobre la crianza, pero las hermanas cristianas pueden darte mucho más. Jesús nos da de Sí mismo, y nos da hermanas para que nos fortalezcamos mutuamente a medida que aprendemos más acerca de ese amor Suyo que sobrepasa nuestro conocimiento.

Dios nos diseñó para que nos necesitáramos mutuamente.

RESCATANDO ALMAS DEL INFIERNO

Cuando eliges cuidar y sostener vidas entregando tu cuerpo, tus fuerzas y tu futuro, te estás oponiendo completamente a la mentalidad de nuestra sociedad mundana. Cada una de las veces que una madre decide dar de sí misma es evidencia de la gracia preservadora de Dios en nuestro mundo caído.

Cuando Adán y Eva desobedecieron a Dios en el huerto del Edén, Dios respondió con misericordia. Les había ordenado que no comieran del árbol del conocimiento del bien y del mal, porque "el día que de él comas, ciertamente morirás" (Gn 2:17). Pero Adán y Eva no cayeron muertos en el momento en que mordieron la deliciosa fruta.

En cambio, siguieron con vida y pudieron escuchar estas palabras de gracia de la boca de Dios. Dios maldijo a Satanás, quien había venido a Adán y Eva en el cuerpo de la serpiente para tentarlos. Dios le dijo a la serpiente: "Pondré enemistad entre tú y la mujer, y entre tu simiente y la de ella; su simiente te aplastará la cabeza, pero tú le morderás el talón" (Gn 3:15).

¡*Vida*! Si vendría un Salvador que aplastaría la cabeza de la serpiente, entonces eso significaba que el hombre y la mujer tendrían una descendencia. ¡*Qué misericordia*!

Parte de la maldición que Dios pronunció ese día en el jardín implicó dolor para la mujer en la maternidad, y también se sentiría afligida por un deseo pecaminoso de gobernar a su marido (Gn 3:16). El hombre tendría que luchar "con el sudor de [su] frente" contra una tierra maldita para obtener comida (Gn 3:17-19). Adán y Eva merecían morir en ese mismo momento por su pecado. Pero en Su incomparable gracia, Dios prometió que habría *vida*.

Mirando adelante, a la gracia futura de Dios de enviar un Salvador, por la fe Adán "llamó Eva a su mujer, porque ella sería la madre de todo ser viviente" (Gn 3:20). Luego Dios mató a un animal e hizo ropas de piel de animal para Adán y Eva (Gn 3:21). Y la raza humana fue preservada por la gracia de Dios, para que todos esperaran al Niño prometido, Aquel que destruiría al enemigo de Dios de una vez por todas.

Los poderes demoníacos también creyeron en la promesa de Dios. Ellos entendieron que esa descendencia de la mujer que fue anunciada aplastaría la cabeza de Satanás. Satanás pasaría los próximos milenios buscando al Prometido para destruirlo. "Los más pequeños" (Mt 25:40, 45 NBLH) son portadores de la imagen de Dios. No es de extrañar que Satanás los odie y trabaje para destruirlos y envenenar su inocencia.

EL AUTOR DE LA VIDA SUSTENTA NUESTRAS VIDAS

Como descendientes del primer hombre y la primera mujer, experimentamos la muerte cuando volvemos al polvo del cual fuimos hechos.

Hablando en términos estadísticos, diez de cada diez personas mueren. La muerte no es nuestro "amigo" o una "dulce liberación de la vida"; la muerte es "el último enemigo" que debe ser destruido (1Co 15:26). La muerte es un terror, parte de la maldición —la separación de nuestra alma de nuestro cuerpo (Gn 2:17, 3:19, 22; Ro 5:12, 8:10; Heb 2:15).

Incluso Jesús, quien resucitaría victorioso sobre la muerte, no tenía ideas caprichosas acerca de la muerte. El Autor de la vida física y espiritual fue sobrecogido por el dolor ante la tumba de Su amigo (Jn 11:1-44). Jesús vino a eliminar esta maldición. Por la misericordia de Dios, la muerte será frustrada. "Porque la paga del pecado es muerte, mientras que la dádiva de Dios es vida eterna en Cristo Jesús, nuestro Señor" (Ro 6:23).

Por medio de Su muerte en la cruz, Jesús pagó nuestra deuda para quitar el terrible aguijón de la muerte, y nos da la victoria sobre nuestro último enemigo. El "instinto" de Jesús lo llevó hacia Jerusalén, donde Él se dejaría crucificar para redimir y sustentar y glorificar a aquellos cuya esperanza está puesta en Él.

Jesús nos ha salvado hasta lo sumo para que no lloremos como aquellos que no tienen esperanza (1Ts 4:13). Lloramos la muerte de nuestros seres queridos sabiendo que el amor de Dios es más poderoso que las garras de la muerte. La muerte reclama la vida de los creyentes, pero la muerte no puede retenerlos, pues Jesús ha dicho que esas vidas preciosas le pertenecen. Los santos vivirán eternamente en la presencia de Dios, donde estarán más vivos que nunca.

Este poderoso amor de Dios es nuestro no solo en nuestra muerte, sino también en nuestra vida cotidiana. El mismo poder que resucitó a Jesús de entre los muertos le da vida a nuestros cuerpos mortales hoy. "Y si el Espíritu de Aquel que levantó a Jesús de entre los muertos vive en ustedes, el mismo que levantó a Cristo de entre los muertos también dará vida a sus cuerpos mortales por medio de Su Espíritu, que vive en ustedes" (Ro 8:11). Jesús le ofrece Su poder a las madres que estén dispuestas a vivir su día a día por la fe, como hijas dóciles, amorosas, pacientes, perseverantes y esforzadas del Rey. En medio del embarazo y del parto, o del papeleo para una adopción, o de la búsqueda del bien de nuestros hijos en oración, o de cualquier cosa que estemos experimentando —el Autor de la vida nos sustenta.

La Biblia dice que si estamos unidas a Cristo en Su muerte por medio de nuestra fe en Su sacrificio por nuestros pecados, también estamos unidas a Él en Su resurrección (Ro 6:1-12, Fil 3:10-11). El poder de Cristo está disponible para todas las que le hemos recibido como Señor de nuestras vidas. Debemos andar en Él, arraigadas y edificadas en Él, y confirmadas en la fe, tal como se nos enseñó, y llenas de gratitud. Nos cuidamos para que nadie nos cautive con filosofías vanas y engañosas que no son conforme a Cristo. Muchas cosas buscan distraernos o desalentarnos de la buena obra que Dios nos ha encomendado. Cuando se trata de la maternidad, el mundo está lleno de falsas esperanzas e ideales vanos, pero Jesús permanece para siempre. Jesús es suficiente: "Toda la plenitud de la divinidad habita en forma corporal en Cristo; y en Él, que es la cabeza de todo poder y autoridad, ustedes han recibido esa plenitud" (Col 2:9-10).

> Jesús es glorificado en nuestra comunión como madres cristianas que viven juntas en unidad.
>
> Jesús desafía las garras de la muerte cuando las madres eligen cuidar la vida humana por la gracia común de Dios.
>
> Jesús está rescatando más y más almas del infierno a medida que las madres se glorían en la gracia particular de Dios, y se gozan en la cruz en medio de sus esfuerzos maternales.

Que el Dios que nos creó a Su imagen reciba toda la alabanza y la gloria en Cristo Jesús, a través de las madres que han sido resucitadas con Él.

3

CEREBRO DE MADRE

Recuerdo cuando nuestro hijo menor hizo su primera broma. Lo estaba sosteniendo en mi cadera mientras hablaba con un amiga en una reunión de la iglesia. Ya era hora de irnos, así que le dije: "Tenemos que irnos, Judson. Dile 'adiós' a Shami".

"¡Ayóoos!", repetía él mientras agitaba su manita en el aire. Luego se inclinó hacia mi amiga, poniendo la boca como para darle un beso. Ambas nos quedamos encantadas con su muestra de afecto. Judson se inclinó para darle a Shami un beso grande y mojado. Sonriendo, ella inclinó su mejilla hacia él para recibir su regalo. Pero en el último segundo, mi hijo se volvió y terminó dándome el beso a *mí*. Y se echó a reír.

Cuento esto como la primera broma de Judson. Bromear unos con otros es una tradición muy especial en nuestra familia. Puedes imaginarte lo orgullosa que estaba de él en ese momento. Era tan solo un bebé, y ya formaba parte de nuestra cultura humorística familiar. Y sí le dio el beso a Shami después de todo.

Los niños crecen tan rápido, ¿no? No pasa un día en que no me lo diga a mí misma o lo escuche de otra persona. Aún así, no necesariamente vivo como si fuera cierto.

AMNESIA PARENTAL

A pesar de todas las muestras que veo a diario del crecimiento y desarrollo de mis hijos, de vez en cuando sufro ataques de amnesia parental.

Cuando digo amnesia parental no me refiero a cuando entras en una habitación y se te olvida por qué llevas la cesta de la ropa con cuatro tazas de café sucias dentro de ella. Eso se llama *normal*. Amnesia parental es cuando nos olvidamos de dos cosas: del mañana y de la eternidad.

Primero, olvidamos que, si Dios quiere, nuestros hijos algún día crecerán y serán adultos. Me cuesta imaginar a mi hija de cinco años con treinta y cinco años o con sesenta y cinco años. Ahora mismo, su mayor meta es esperar pacientemente hasta el día en que pueda mudar su primer diente. Habla constantemente sobre lo mucho que se está esforzando para aprender a leer un reloj. Unta mantequilla de maní en rodajas de pepino, y le gusta. No es de extrañar que a veces piense que siempre tendrá cinco años y que siempre hará las cosas que hacen las niñas de cinco años.

La segunda cosa que olvidamos es que nuestros hijos son mucho más que solo adultos potenciales que algún día contribuirán a la sociedad. Por mucho que aprecie tener unos pequeños ayudantes que vacíen el lavavajillas, pensar en la eternidad nos impide ver a nuestros niños desde una perspectiva utilitaria. Nuestros hijos son personas hechas a la imagen de Dios, y tienen almas eternas, y esto le da valor a sus vidas aunque vivan como adultos inmaduros o nunca lleguen a la edad adulta. Ser madre es increíblemente divertido, pero a la vez, la eternidad hace que sea un gozo que debemos tomar en serio.

Como madres podemos enfocarnos tan fácilmente en la inmadurez de estos pequeños portadores de la imagen de Dios, (estos mismos niños que les muestran sus mocos a la gente), que nos olvidamos de atesorarlos como reflejos de la gloria de Dios. En nuestros nobles esfuerzos de educar prácticamente a nuestros hijos para que crezcan y sean adultos, muchas veces perdemos algo de vista. Perdemos de vista al sol naciente que nos señala la llegada de otro día en el que Dios, por Su gracia, nos ha encomendado cuidar a Sus pequeños portadores de Su imagen, para que ellos le amen y le honren a Él sobre todas las cosas y para siempre.

Cuando lo mundano opaca la vida eterna, nos olvidamos de quién es Dios, de quiénes somos nosotras, y de quiénes son nuestros hijos.

Tendemos a olvidar el mañana y la eternidad cuando nuestro día está lleno de la tiranía de lo urgente. ¿Alguna vez te has sentido como esa pelota en el juego de *pinball*, que rebota en todas las paredes? Supervisamos las tareas de la escuela a la vez que evitamos que los niños pequeños metan los brazos en el inodoro. Emitimos veredictos en el Tribunal de la Madre decidiendo a quién realmente le pertenece el juguete. Tratamos de no olvidarnos de pasar la ropa a la secadora para que mañana haya ropa limpia. No es de extrañar que nos cueste recordar lo que hicimos esta mañana, y ni hablar de mantener una perspectiva eterna.

Cuando nos enfocamos en lo eterno, nuestra maternidad es muy diferente a cuando solo vivimos por el momento. Vemos que nuestros hijos marchan hacia un destino. Consideramos que nuestras luchas temporales y fugaces irán desapareciendo mientras esperamos a Jesús, nuestra bendita esperanza. Empezamos nuestro día con expectativa y confiando en la gracia futura de Dios, porque sabemos que nuestros momentos ordinarios tienen un significado y una importancia eterna. Hacemos sacrificios en nuestra toma de decisiones y planificación porque entendemos que le pertenecemos a Dios. Dios nos ha llamado a algo mucho más grande que nuestra mera felicidad o la de nuestros hijos. Como dijo Paul Tripp en su libro *Forever* (Para siempre):

> Para siempre nos dice que nuestros hijos nunca existirán en el centro de su universo. Para siempre nos dice que nuestros

> hijos no escribirán sus propias historias, y nosotros tampoco escribiremos sus historias. Para siempre Dios nos recuerda que nuestros hijos no nos pertenecen; ellos le pertenecen a Dios. Como padres, somos agentes de Dios, encargados de promover Sus propósitos.[8]

Mantener una perspectiva eterna nos mantiene centradas en los propósitos de Dios.

LEVANTA TU MIRADA CON LA PALABRA DE DIOS

Para mí, la amnesia parental se asienta como una niebla en las horas de la mañana. Si no renuevo mi mente con las verdades de la Palabra de Dios, entonces la niebla se estanca y no deja que penetre la luz de la esperanza del evangelio. Al final del día estoy perdida en una nube de desánimo que no se disipa. Necesitamos que la brújula de la eternidad dirija nuestra perspectiva.

Es fácil dejar que nuestra perspectiva quede enterrada bajo una mezcla de tejidos en el Monte Ropa Sucia. Aun así, debemos esforzarnos por recordar que nuestro trabajo va más allá de alimentar, bañar, vestir y educar a nuestros hijos. Estas tareas son significativas en sí mismas porque son parte de la mayordomía que Dios nos ha dado. Como madres cristianas, Dios nos llama a vivir con la mirada puesta en algo que solo podemos ver con nuestros ojos espirituales: la eternidad.

La forma principal en que Dios sella la eternidad en nuestros ojos es a través de Su Palabra. Si sostienes una Biblia erguida y la sueltas para que caiga abierta, es probable que se abra en la parte central, muy cerca del Salmo 119. El Salmo 119 es el capítulo más largo de la Biblia, y si puedes leer el hebreo bíblico, notarás que es un poema de tipo acróstico. Cada línea está dedicada a la apreciación y adoración de la Palabra de Dios.

El Salmo 119 contiene estímulo para madres que trabajan día y noche. Es como un chorro de agua fría que podría despertar hasta el alma más lánguida y cansada. En el Salmo 119 encontrarás aplicaciones específicas y personales, de esas que te hacen pensar que seguro Dios estuvo leyendo tu diario (¡como si tuviésemos tiempo para escribir en un diario!). ¿No es increíble cómo Dios nos habla a través de Su Palabra?

Pienso que estos siguientes versículos del Salmo 119 tienen una relevancia concreta, ya que me inspiraron a hacer algunos cambios oportunos en mi rutina diaria (y nocturna).

» "Señor, por la noche evoco Tu nombre; ¡quiero cumplir Tu ley!" (v. 55).
» "A medianoche me levanto a darte gracias por Tus rectos juicios" (v. 62).
» ¡Cuánto amo yo Tu ley! Todo el día medito en ella" (v. 97).
» "Muy de mañana me levanto a pedir ayuda; en Tus palabras he puesto mi esperanza" (v. 147)
» "En toda la noche no pego los ojos, para meditar en Tu promesa" (v. 148).

Quiero *esperar en Dios* cuando mis hijos me despierten antes de que suene la alarma. Quiero *amar la Palabra de Dios* todo el día cuando tengo un montón de trabajo mundano que hacer en casa. Quiero *meditar en las promesas de Dios* y *alabarlo* y *recordarlo* cuando esté con el bebé a medianoche y a las 3 de la madrugada (y a las 10 p.m., a las 2 a.m. y a las 5 a.m. durante los períodos de crecimiento).

Según el Salmo 119, no hay tiempo del día o de la noche en que la Palabra de Dios *no* sea relevante para nuestras vidas. Aun cuando estemos más enfocadas en preparar las meriendas para la escuela y eligiendo la vestimenta para la foto familiar, la Palabra de Dios puede levantar nuestra mirada hacia el horizonte de la eternidad.

ESPERANZA EN CRISTO

La realidad del "para siempre" nos recuerda que debemos priorizar la eternidad en nuestras esperanzas para nuestros hijos. Pero para poder ofrecerle una perspectiva eterna a los demás, nosotras debemos estar esperando en Cristo. Con demasiada frecuencia, mi esperanza está puesta en mis circunstancias, que varían con cada segundo que pasa. Yo digo cosas como: "De verdad necesito que el bebé tome su siesta esta mañana", lo cual no está mal decir ni desear. Pero si llega la hora del almuerzo y la siesta no ha ocurrido, y estoy tan afectada emocionalmente por eso que me arruina la tarde, entonces probablemente he puesto más fe en esa siesta que en las circunstancias invariables del evangelio.

Como madres, al igual que todos los demás que luchan bajo el peso del pecado, tendemos a olvidar el evangelio, y nuestra ignorancia de la esperanza que tenemos en Cristo engendra frutos podridos tales como la crisis de identidad y el descontento. Tenemos que recordar que Dios no es menos bueno con nosotras cuando nos encontramos en una batalla de voluntades con un niño en edad preescolar, de lo que lo fue cuando Su Hijo arrastró una cruz hasta una colina aquel viernes hace dos mil años.

Dios intercede misericordiosamente en esos momentos y me muestra que Sus caminos son más altos que mis caminos. Por la gracia de Dios, puedo resistir la tentación de tratar a mis hijos como interrupciones en *mi* voluntad para mi vida. En cambio, Dios me permite tratar a mis hijos como dones preciosos que Él está usando para moldearme a Su imagen, según *Su* voluntad para mi vida.

Una mañana, mi hija corrió de nuevo a casa para buscar su bolso antes de que saliéramos. Al llevar un bolso vacío, ella siente que está lista para salvar a cualquier cachorro o gatito abandonado que encuentre. (Una vez rescató a un pajarito que se estaba ahogando en la piscina de nuestro apartamento y lo llevó en su bolso hasta el césped). Mientras luchaba por lograr que nuestro circo familiar saliera por la puerta, pensé en llamarla y decirle que se olvidara del bolso. Pero algo me hizo detenerme en la puerta mientras cargaba con todas las demás bolsas. Me quedé impresionada pensando en que hace apenas unos días esta niña era una bebé indefensa. Necesitaba ser cuidada en todos los sentidos. Y ahora, en lo que a mí me pareció un instante, ya ella quiere y puede cuidar de otros también. Algún día, puede que esta dulce niña tenga mayores responsabilidades al estar involucrada en proyectos de ayuda a los desamparados.

En ese momento elegí disfrutar de la obra de Dios mientras se desarrollaba esta escena. Decidí no decirle que subiera al auto y dejé que subiera corriendo por las escaleras para buscar su bolso.

A la luz de la eternidad, quiero aprovechar las oportunidades diarias que Él me da para enseñarle a mi hija a levantar su mirada para que admire a Dios y lo refleje. ¡Yo misma tengo que hacer lo mismo! Mis pensamientos fueron interrumpidos cuando la vi saltando los dos últimos escalones y aterrizando en el vestíbulo con su bolso en la mano. "¡Lo tengo!", anunció sin aliento. "¡Ahora podré traer animalitos a casa, así como Jesús nos trae a casa!".

A veces Dios usa a nuestros hijos para recordarnos la perspectiva eterna que hemos olvidado. Crecen tan rápido, ¿no?

AFERRÁNDONOS A LO ETERNO

Pensar bien y a menudo en la eternidad no es algo que nos debe asustar ni entristecer. Cuando negamos la realidad de la eternidad o vivimos ignorándola, nos estamos perdiendo del *gozo* de Dios.

Me doy cuenta de que toda esta charla acerca de la eternidad podría causarte un sentimiento de urgencia en cuanto al poco tiempo que tenemos. En cierta medida, es saludable que sintamos la atracción gravitatoria de nuestra finitud. Cuidar de niños puede hacer que nos enfoquemos simplemente en que pasen los minutos del día (o de la noche). Debemos orar como el salmista: "Enséñanos a contar bien nuestros días, para que nuestro corazón adquiera sabiduría" (Sal 90:12). Debemos pedirle al Señor que nos recuerde que "lo que se ve es pasajero, mientras que lo que no se ve es eterno" (2Co 4:18).

Esta es la razón por la que debemos tener cuidado de no pensar que el mayor problema de una madre es la falta de tiempo. ¡Cuán tentada soy a ver una temporada ocupada como un obstáculo para regocijarme en el Señor! El mayor impedimento para gozarnos en Dios no es la falta de tiempo. Cuando perdemos de vista la perspectiva eterna en nuestra vida cotidiana, la expiación ya no es ni vital ni preciosa para nosotras. Un regalo más grande que el tiempo es el regalo del perdón por nuestros pecados a través de Cristo Jesús, para así poder contemplar a nuestro santo Dios.

En última instancia, vivir con la eternidad en mente es una obra del amor redentor de Dios en nuestras vidas. No puedo presentarte un plan creativo y estratégico para tener un corazón que se aferre a los propósitos de Dios en la eternidad. Ninguna de nosotras puede reunir suficiente fuerza de voluntad para amar a Dios y Su glorioso reino. Solamente la gracia redentora, todopoderosa y transformadora de Dios puede levantar nuestro corazón pecaminoso de entre los muertos, darnos vida eterna y fijar nuestra mirada en Jesús, nuestra bendita esperanza. Toda alma que ha sido resucitada por la gracia ha experimentado algo que Jesús comparó con el milagro del nacimiento. Él lo llamó "nacer de nuevo". "De veras te aseguro que quien no nazca de nuevo no puede ver el reino de Dios" (Jn 3:3).

Como descendientes de nuestros primeros padres, cuyo pecado en el jardín trajo juicio sobre toda la humanidad, debemos maravillarnos de la gracia común de Dios al permitir que la vida humana continúe en nuestro mundo caído. Tanto hombres como mujeres pueden ver la gracia común de Dios al darnos el don de la vida. Esto es cierto aunque un bebé nunca haya salido de tu propio cuerpo. Esto es cierto incluso si un niño es llevado al cielo antes de nacer. Cuando consideramos el milagro de la vida, podemos comenzar a entender lo que nos sucedió cuando nacimos de nuevo y recibimos vida eterna. Donde antes no había vida, Dios da vida. ¡Qué *gracia*!

Nacemos muertos en nuestros delitos, siendo enemigos de Dios antes de que dijéramos nuestra primera palabra o nos aferráramos a nuestro primer pensamiento orgulloso. Estar separados de la vida en Dios es una muerte en vida. Por medio de la fe, vemos cómo el don de Dios se multiplicó a un gran número de personas. Debido a que Abraham le creyó a Dios, podemos rastrear nuestro linaje espiritual hasta llegar a Abraham mismo. "Así que de este solo hombre, ya en decadencia, nacieron descendientes numerosos como las estrellas del cielo e incontables como la arena a la orilla del mar" (Heb 11:12).

La fe de Abraham era como la de Adán. Aunque la muerte reinó por causa del pecado, ambos creyeron la promesa de vida de Dios. Podemos maravillarnos de la gracia de Dios junto con el apóstol Pablo: "...con mayor razón los que reciben en abundancia la gracia y el don de la justicia reinarán en vida por medio de un solo hombre, Jesucristo" (Ro 5:17). Nuestra mejor respuesta a esta buena noticia es alabar a nuestro Dios misericordioso. "¡Alabado sea Dios, Padre de nuestro Señor Jesucristo! Por Su gran misericordia, nos ha hecho nacer de nuevo mediante la resurrección de Jesucristo, para que tengamos una esperanza viva" (1P 1:3).

Vivimos por fe. Podemos acostar a nuestros hijos en las noches por fe, cerrar los ojos para dormir (un rato) por fe, y despertarnos por la mañana llenas de fe en que Jesús es nuestra esperanza, incluso cuando nuestros hijos estén creciendo demasiado rápido para nuestro gusto.

4

LA MEJOR TRADICIÓN FAMILIAR: SIEMPRE NECESITAMOS LA GRACIA DE DIOS

La autodisciplina es una lucha estacional para mí. Hay temporadas en las que soy muy diligente, y hay temporadas en que las que me dejo vencer por la pereza. Cuando mi hija mayor estaba en edad preescolar, yo pensaba que ya había encontrado la cura para mis problemas con la autodisciplina. ¿Quieres saber el secreto?

Si quieres rendir cuentas acerca de algo de manera consistente, simplemente dile a un niño en edad preescolar lo que planeas hacer y asegúrate de que incluya la palabra "siempre". Por ejemplo, no soporto poner una cuchara con masa de galletas en el lavaplatos a menos que ya esté "limpia" gracias a las lamidas de mis niños. Para combatir mi problema de autodisciplina con la masa de galletas, recluté a mi hija.

— Mamá, ¡dijiste que ya *nunca* ibas a comer *más* masa de galletas porque *siempre* nos ibas a dar la cuchara a nosotros!

— Sé que dije eso, cariño. Pero mira, es que hay…

— ¡Pero nosotros *siempre* lamemos la cuchara!

— Lo sé. Mira, el resto de la masa de galletas es para ti.

— Dijiste que *siempre* íbamos a lamer la cuchara.

— Lo sé, mami lo siente mucho.

— Mamá, ¿qué tienes en la boca?

Los niños en edad preescolar te llevarán a los estándares que elijas, sin piedad. Son increíblemente consistentes. Ya sea que se trate de *siempre* ponerte el zapato derecho primero o de *nunca* mezclar plastilinas de colores diferentes, lo importante es mantener la tradición.

Así que, ¿cuál crees que es la moraleja de la historia? ¿Solo hablar acerca de las expectativas que estás segura que cumplirás?

Los libros de liderazgo hablan acerca de las culturas que promueven y moldean una visión dentro de una corporación. Los ejecutivos y los gerentes no son los únicos interesados en estas ideas. Los padres tienen la carga y el privilegio de moldear el *ethos* del hogar. *Ethos* significa, simplemente, "lo que eres en realidad". La palabra *ethos* no significa mucho para un bebé o para un niño en edad preescolar, sin embargo los niños saben lo que *siempre* hacen. "Papá *siempre* me dice adiós desde el auto cuando va saliendo al trabajo". "*Siempre* dejas la luz de mi baño encendida por la noche". "Yo *siempre* me siento en esta silla cuando cenamos". "*Siempre* vemos una película los viernes por la tarde".

Puede que nunca olvide el día que perdimos a Elmo. Mi hija siempre tomaba sus siestas con su muñeco Elmo en la cuna. Aparentemente esta tradición era lo más importante del mundo para ella, y nos dimos cuenta de eso el día que perdimos ese muñeco, porque vimos cómo el universo de nuestra hija se desmoronaba. Esas cosas que ellos "siempre" ven o hacen son especiales e importantes. Proporcionan la consistencia que nuestros niños necesitan. Empezar estas tradiciones y mantenerlas puede ser muy divertido. Unos amigos nuestros tienen una tradición llamada Sábados de Rosquillas, en la que el papá lleva a los niños a comer rosquillas por la mañana. ¡Qué rico y especial!

Tengo muchas buenas ideas de tradiciones que me gustaría empezar. Una vez traté de instituir una tradición llamada "Miércoles

Mudos": en lugar de discutir entre nosotros con gritos y chillidos, hacíamos pantomima. Pero fue todo un fracaso.

SIEMPRE NECESITAMOS LA GRACIA DE DIOS

Las madres tienen un papel estratégico de permitir que el evangelio moldee sus hogares, demostrándole a los suyos que siempre necesitamos la gracia de Dios. ¿Necesitas la gracia de Dios, o tienes todo lo que necesitas para cumplir tu ocupada rutina a la perfección? ¿Necesitas la gracia de Dios, o ya has "pasado por esto antes" con tu esposo y tu conflicto se resolverá con el tiempo? ¿Necesitas la gracia de Dios, o solo necesitas *Google*? ¿Necesitas la gracia de Dios o ya tienes esto de la maternidad bajo control?

Si queremos darle gracia a nuestros hijos, primero debemos estar dispuestas a recibirla nosotras mismas de Dios.

En medio de las infinitas posibilidades de los "siempre" y "nunca" en nuestros hogares, hay una expectativa con la que sí cumplimos todos los días y con toda seguridad, ya sea que seamos conscientes de ello o no: *Siempre necesitamos la gracia de Dios.* Tal como lo expresó un escritor de himnos: "Lo único que Él requiere es que sientas tu necesidad de Él".[9]

Cuando se trata de moldear las expectativas en nuestro hogar, lo que siempre debemos tener en mente es la gracia. Nuestros hijos necesitan crecer sabiendo que "siempre confiamos en Dios porque Él quiere y puede ayudarnos", y que "siempre alabamos a Dios porque Él es nuestro mayor tesoro". Y nosotras mismas necesitamos levantarnos cada mañana, diciéndonos a nosotras mismas: "Siempre confío en Dios porque Él quiere y puede ayudarme".

El evangelio debe moldear la forma que le damos a nuestro hogar a través de nuestras tradiciones. ¿Significa esto que deberíamos estudiar catecismos con nuestros hijos? ¿Significa esto que necesitamos ser más intencionales acerca de cómo celebramos las fiestas religiosas? Quizás. Estas son cuestiones de preferencia personal.

El evangelio, sin embargo, no es cuestión de preferencia personal; es una noticia que es cuestión de vida o muerte espiritual. El evangelio moldeará nuestro hogar cuando nosotras como madres nos demos cuenta de que no siempre cumpliremos con los estándares de excelencia que deseamos. Si queremos darle gracia a nuestros hijos, entonces primero debemos estar dispuestas a recibirla de Dios. Tendemos a revolcarnos en nuestra vergüenza o a ser cínicas en cuanto a nuestra incapacidad de mantener nuestras manos lejos de la masa de galletas proverbial. En algún momento fracasaremos, y algunas veces la caída será dura. Es por eso que debemos gloriarnos en el evangelio, porque Dios en Su misericordia nos da a Cristo, para que Él sea nuestro mayor tesoro. Cosas como la "culpa de mamá" no pueden aplastarnos porque Cristo fue aplastado en la cruz en nuestro lugar. Jesús es nuestra consistencia; Él cumplió con las más altas expectativas de la perfección de Dios, y en Él todas las promesas que Dios ha hecho son 'sí' (2Co 1:20). En Él encontramos misericordia en nuestro tiempo de necesidad, que es *siempre*.

MODELANDO QUE "SIEMPRE NECESITAMOS LA GRACIA DE DIOS"

Una manera de enseñarle a nuestros hijos acerca de nuestra necesidad de la gracia de Dios en Cristo es confesándoles nuestros pecados a ellos de una forma apropiada. Pídele al Señor que te dé sabiduría para hacer esto, y ora para que Él te dé humildad para pedirle perdón a tus hijos cuando sea necesario. Esto es un desafío para mí, ya que con frecuencia elijo minimizar la ofensa de mi pecado o justificarla culpando mis circunstancias. Me entristece pensar en las veces que he culpado al pecado de mis hijos por mi respuesta pecaminosa hacia ellos. *Todos* necesitamos la gracia —*siempre*.

A veces mis hijos entran en lo que yo llamo una "estampida de pecado", donde uno de los niños pone en marcha al otro, y de repente los tres están peleando con frenesí. En esos momentos me pregunto a mí misma: "*¿Por qué?* ¿Qué hace que mis hijos piensen que esta es la manera de proceder cuando uno de ellos arrebata el unicornio de peluche de las manos de su hermano?".

Dios ha sido bondadoso al darme mucha claridad en cuanto a las razones de estas estampidas de pecado: mis hijos son pecadores porque llevan mi sangre. Todos somos pecadores que hemos heredado nuestra naturaleza pecaminosa de nuestros primeros padres, Adán y Eva. Incluso si junto a mis hijos y los ato con un lazo para que me digan quién es realmente el dueño del unicornio de peluche, saldrían discutiendo sobre quién es el dueño del lazo.

Yo soy igual que mis hijos. Lidiar con las molestias y con nuestro pecado es parte de la vida cotidiana, pero podemos elegir responderles de una manera que honre a Dios. Soy propensa a los estallidos de frustración extrema. Esto es un gran problema para mí, y es un indicio de cómo veo la bondad soberana de Dios. También afecta a mis hijos.

Hace tiempo el motor de la lavadora se estropeó. Esto fue un grave problema para nuestra gran familia ya que justo esos días hospedábamos a gente en casa. Debido a que pienso que el mundo gira a mi alrededor, me agité demasiado por el inconveniente de un tambor de lavadora que ya no centrifugaba. Yo echaba chispas desde el cuarto de lavado, gritando: "*¿En serio?*" Es posible que haya "tirado" las toallas mojadas en el suelo, a la vez que apretaba los dientes y gritaba exasperadamente. Mis hijos escucharon mi rabieta y vinieron corriendo. Cuando vi el miedo que había en sus ojos, el Espíritu Santo me hizo consciente de mi pecado. Al instante, mi corazón se afligió por mi pecado, a la vez que se alegró por mi Salvador, y me arrepentí públicamente. Por la gracia de Dios, aproveché la oportunidad para recordarle a los niños (y a mí misma) la misericordia de Dios al salvar a gente que piensa que el mundo gira alrededor de ellos, cuando el mundo en realidad existe para Él. ¡Cuán bueno es nuestro Dios, que usa los momentos ordinarios para santificarnos!

Siempre necesitamos la gracia. Ser perdonadas por nuestros pecados al nacer de nuevo en Cristo Jesús, por fe y por medio de la gracia, es solo el comienzo. La salvación, en definitiva, significa estar unidas a Cristo. Y aunque continuamos pecando y cada día somos tentadas a pecar, Jesús, nuestro gran Sumo Sacerdote, quiere y puede venir a ayudarnos. Podemos poner toda nuestra confianza en Jesús, ¡Él es capaz! Cuando atesoremos a Jesús en medio de nuestras tentaciones al pecado, nuestros hijos lo notarán. Por la gracia de Dios, nuestro ejemplo de fe testificará que "Jesucristo es el mismo ayer y hoy y por los siglos" (Heb 13:8) —*siempre.*

PARTE 2

LA MATERNIDAD COMO ADORACIÓN

5

EL "LLAMADO A ADORAR" DE UNA MADRE

Aquí en casa bromeamos diciendo que si alguien quiere despertarse a una hora determinada, lo único que tiene que hacer es poner la alarma unos diez minutos más tarde de esa hora específica. Los niños siempre le ganan al despertador y se despiertan antes de lo que uno quisiera. Tengo una amiga que dice que los niños son despertadores muy eficientes, solo que no tienen el botón de repetición de alarma.

Cuando me casé, mi estilo de vida cambió. Dado que ya no era soltera me tuve que adaptar a la vida con mi esposo, siendo flexible y ajustándome a nuestra nueva vida juntos. Cuando me convertí en madre, mi estilo de vida cambió de nuevo. Tenía que aprender, ajustar, reajustar y reaprender nuevas rutinas. El adagio popular que dice que "cada bebé es diferente" es cierto, y las madres también somos diferentes, y todas aprendemos y crecemos.

TIEMPO PARA MÍ, TIEMPO A SOLAS TODO TIEMPO ES DE DIOS

Uno de los primeros cambios drásticos ocurrió en el área de las disciplinas espirituales. Había estado acostumbrada a tener mi propio tiempo. Cuando mi barriga empezó a eclipsarme los pies, las mujeres comenzaron a advertirme: "¡Disfruta tu tiempo mientras puedas!". Sabía que esto era cierto; había visto a mi propia madre darnos de su tiempo a mis hermanas y a mí. Sin embargo, no me imaginaba que lo primero que saldría de mi horario diario sería mi tiempo devocional regular con el Señor. Tristemente, mi reacción inicial fue culpar a mi bebé y a esta nueva etapa de mi vida.

Tenía una perspectiva distorsionada del tiempo, creyendo que era mío y que lo podía organizar como quisiera. Cuando llegaron mis hijos, tiempo *para mí* y tiempo *a solas* salieron pataleando y gritando por la puerta. De un momento a otro parecía que mi estudio disciplinado y riguroso de la Palabra de Dios solo ocurría cuando tenía que escribir reportes a mis profesores del seminario. Me di cuenta de que solo oraba cuando no estaba ocupada con la bebé, y siempre estaba ocupada cuidándola. Le confesé a una amiga que el hecho de ser madre me hacía sentir que me había olvidado del Señor, y fue evidente que mi práctica de las disciplinas espirituales dependía demasiado de mi entorno.

La serenidad, el silencio y el sosiego son cosas buenas. Dios usa la quietud para sintonizar nuestro corazón para que podamos escucharle a través de Su Palabra. El silencio puede ayudarnos a orar sin distracciones añadidas. En la tranquilidad de nuestro entorno, el Señor puede aquietar nuestro ajetreado corazón. El tiempo "realmente a solas" con el Señor es un regalo. Pero también lo son los tiempos en los que estás dirigiendo tu circo familiar. El Señor sigue estando cerca de ti cuando estás usando una perilla succionadora para aliviar la congestión de una naricita, y también cuando estás invocando la sabiduría de Salomón para resolver una discusión sobre un juguete.

Cuando nació mi primera hija, mi vida espiritual languideció. Y no fue culpa suya, en lo absoluto. El problema era que yo suponía que el Espíritu Santo solo me consolaba, me guiaba y me sostenía cuando mi agenda estaba despejada o cuando tenía mi libreta en mi regazo. Pensaba que no era capaz de escuchar a Dios si había ruido en mi vida.

Cuando llegaron el ruido y las muchas demandas, no hice un esfuerzo por tener comunión con Dios. Si no lograba despertarme primero para disfrutar del silencio y la soledad en casa, calificaba el día como un fracaso —espiritualmente hablando. Cuando algo o alguien interrumpía mis planes de tener comunión con el Señor en silencio y a primera hora de la mañana, me llenaba de frustración.

El Espíritu me hizo agudamente consciente de lo horrendo de mi pecado, trayendo a mi mente pasajes acerca de la bondad del Señor. De manera particular, esta descripción de la tierna misericordia de Dios hacia los pecadores realmente quebrantó mi corazón: "No acabará de romper la caña quebrada, ni apagará la mecha que apenas arde. Con fidelidad hará justicia" (Is 42:3). Sabía que si yo era una caña quebrada o una mecha que apenas ardía, era solo por la gracia de Dios. Sentía que tenía tantas cosas por las cuales estar amargada. La raíz principal de amargura que había envuelto mi corazón era que tenía que hacer todo el trabajo físico de criar a nuestra bebé debido a la discapacidad física de mi marido. Mi pensamiento errado era: "Si tan solo contara con la ayuda física de mi esposo, entonces tal vez tendría tiempo para el Señor". No me daba cuenta de que la bondad de Dios estaba a punto de prevalecer sobre mi amargado corazón (Ro 2:4).

Tenía la impresión de que mi perspectiva sobre la naturaleza de la vida espiritual como madre joven estaba siendo sacudida y reformada. Tuve una conversación edificante con una amiga muy querida. Ella compartió conmigo 2 Corintios 9:8: "Dios puede hacer que toda gracia abunde para ustedes, de manera que siempre, en toda circunstancia, tengan todo lo necesario, y toda buena obra abunde en ustedes". Dios planea el fin desde el principio. Él gobierna sobre todo lo que ocurre entretanto llega ese día final, y Él es capaz de darme la gracia que necesito para los tiempos que Él ha planeado justo cuando lo necesito, para que yo pueda hacer Su voluntad. Si Jesús me ha asegurado que está conmigo hasta el fin del mundo (Mt 28:20), entonces no hay duda de que estará conmigo cuando estoy cargando a mi bebé, limpiando la casa, conduciendo el auto, despertándome a media noche y ayudando a mi esposo.

LAS SUPUESTAS "INTERRUPCIONES"

Cuando sentimos que nuestro entorno debe ser "exactamente así" para tener comunión con Dios, cualquier imprevisto hereda el nombre de "interrupción". La petición de un niño pequeño de que le ayuden con un juego es una interrupción. El hecho de que los niños han de acostarse temprano es una interrupción. El bebé que no se calma es una interrupción.

¿Qué pasa si Dios quiere tener comunión con nosotras justo donde estamos, incluso en medio del alboroto de la vida ordinaria? Puedes estar segura de que eso es lo que Él desea. Considera cómo el Dios trino está obrando para asegurarse de que contemples Su gloria todos tus días y todas tus noches.

Tu Padre celestial es soberano sobre todas las cosas. A un gorrión se le cae una pluma mientras escapa de las manos de un niño curioso. La batería de tu auto se descarga en el estacionamiento del parque justo cuando tus niños llegan a su límite de cansancio. El chupete se cae de la boca del bebé justo cuando el bebé está a punto de dormirse. Nada —*nada* sucede sin que el Señor soberano lo ordene. Él es digno de confianza y digno de alabanza en todo momento y en toda circunstancia.

El Hijo eterno de Dios es *Emmanuel*, Dios con nosotros. Jesús cumplió la santa ley de Dios, fue crucificado en nuestro lugar, resucitó de los muertos y está reinando a la diestra del Padre. Jesús satisfizo la ira de Dios contra el pecado y nos compró para librarnos de la esclavitud del pecado. Por la fe recibimos la justicia perfecta de Jesús, y Él crea en nosotras corazones nuevos que son propensos a amarle. Incluso cuando no sientas que esto es cierto acerca de ti, una hija del Rey, lo es. Incluso cuando te imaginas que tu vida es un infierno y has olvidado que has sido trasladada al reino de la maravillosa luz de Dios, tú eres suya para siempre. Puedes estar segura de que nada te separará del amor de Dios por ti en Cristo Jesús, tu Señor, "ni la muerte *ni la vida*" (Ro 8:38).

El Espíritu Santo de Dios mora en los corazones de los creyentes y escribe la ley de Dios en ellos. Cuando meditamos en la Palabra de Dios, el Espíritu se deleita en confirmar en nuestro corazón que Dios es quien Él dice ser. El Espíritu nos despierta para que veamos la aflicción de nuestro pecado, y produce en nosotros un nuevo afecto por la santidad de Dios. Cuando ponemos nuestra mano en el arado (o mejor dicho, en la escoba), el Espíritu obra en nosotras para que trabajemos como para el Señor. El Espíritu nos ayuda en nuestra debilidad e ignorancia, intercediendo por nosotras, pues no sabemos cómo orar. El Espíritu Santo es como la neurona que viaja desde nuestras papilas gustativas hasta nuestro cerebro con el mensaje de que las rebanadas de naranja cubiertas de chocolate negro son exquisitas. Cuando probamos cosas como la providencia o nuestra unión con Cristo, es el Espíritu quien le dice a nuestro corazón que *el Señor es bueno.*

UNA INVITACIÓN A ADORAR A DIOS

En nuestras reuniones semanales como iglesia, tenemos lo que llaman "el llamado a adorar". Alguien se pone de pie con el micrófono y lee una porción de la Escritura, invitando a todos a adorar a Dios. Si lo conectamos con la idea de las "supuestas interrupciones", entenderemos que las madres escuchan una serie de "llamadas a adorar" durante sus días y noches. Si tenemos oídos para escuchar estas invitaciones, tendremos la oportunidad de adorar al Señor, que está más cerca de nosotras de lo que muchas veces pensamos.

Los bebés lloran por comida, ternura, compañía y amor. Claman por nuestra ayuda. Los gritos de nuestros preciosos pequeños nos recuerdan que no somos muy diferentes a ellos. Nosotras también estamos necesitadas y en un estado de desesperación; necesitamos desesperadamente al Señor. La Palabra de Dios nos ordena que no dejemos de clamar hasta que Él responda. Sintoniza tu corazón para que seas capaz de reconocer tu necesidad ante el Señor. "Atiéndeme, Señor; respóndeme, pues pobre soy y estoy necesitado" (Sal 86:1).

Nuestros corazones pueden ser llamados a adorar incluso a través de gritos de enojo. Cuando los niños se frustran, chillan indignados por la pérdida de alguno de sus tesoros de la caja de juguetes. ¡Hay que hacer justicia! ¿Y tú? ¿Alguna vez has sentido una indignación justa ante la injusticia? ¿Te sientes triste por tu propio pecado, o engañas tu conciencia diciendo: 'Ay, ¿qué se puede hacer?' cuando ves lo horrendo del mal en nuestro mundo? Cuando un cristiano reconoce la perversidad del pecado y del mal, el Espíritu consuela su corazón y lo lleva a exaltar al Dios que vence a Sus enemigos con una justicia perfecta. Cuando sientas frustración e indignación dentro de ti, recuerda lo que dice la Palabra de Dios acerca de quién es el único que puede ejecutar justicia. Tu corazón debe estar en paz, descansando en el plan de Dios para conquistar a Sus enemigos. "Los malvados, los enemigos del Señor, acabarán por ser destruidos; desaparecerán como las flores silvestres, se desvanecerán como el humo" (Sal 37:20). Y acércate a los demás con misericordia y amor, sirviendo como una sierva humilde.

"¡Mírame, mami!". Por encima de las lentas melodías que suenan por los altavoces, escucho una bailarina diminuta que me invita a verla girar. Quiere compartir su alegría con todos los que quieran verla y quedar cautivados por la música y el baile. Su expectativa de alegría compartida me recuerda cómo Jesús me invita a compartir Su alegría infinita por siempre.

¿Te has dado cuenta de que un niño pequeño no dejará de invitarte a que compartas su alegría hasta que te rindas y lo hagas? La alegría de Jesús no es efímera ni superficial; es completa y llega hasta las profundidades de nuestro corazón. Responde por fe a la invitación de Jesús a satisfacerte completamente y para siempre. "Les he dicho esto para que tengan Mi alegría y así su alegría sea completa" (Jn 15:11).

A través del aire reciclado del coche, puedo oír un lloriqueo que viene desde el asiento trasero. La impaciencia manifestada en quejas. Es exactamente lo que hago yo. Quiero lo que quiero, y lo quiero para ayer. Al lanzar una bolsa de galletas a las manos de un niño hambriento, recordé lo difícil que es quejarse cuando tu corazón está lleno de alabanza. Usamos mucho esta advertencia: "No hables con la boca llena". Pero la Biblia dice lo contrario: debemos hablar con el corazón y la boca llenos. "Mi boca rebosa de alabanzas a Tu nombre, y todo el día proclama Tu grandeza" (Sal 71:8); "Alabaré al Señor con todo el corazón en la asamblea, en compañía de los rectos" (Sal 111:1); "El que es bueno, de la bondad que atesora en el corazón produce el bien; pero el que es malo, de su maldad produce el mal, porque de lo que abunda en el corazón habla la boca" (Lc 6:45).

Para mí, el llamado a adorar que es más difícil de escuchar es el de la madrugada. Durante los años que nuestra joven familia tuvo que compartir habitación, el dulce susurro emocionado de mi pequeña me solía despertar cada mañana, anunciando la llegada del amanecer. Mi incredulidad atontada no era más que una pequeña fracción de la fatiga y la tristeza que hace más de dos mil años sentían las mujeres que llegaron a una cierta tumba antes del amanecer y no esperaban ver al Hijo resucitado.

Pero debido a que Jesús resucitó de entre los muertos, cada amanecer glorioso (incluso los que aún son oscuros) avanza y nos apunta hacia el día que está por venir, en el cual las tinieblas llegarán a su fin. En ese día, todos veremos a nuestro Salvador cara a cara, ya sin dudas o afectos tibios o lentitud del alma. Entonces nos llamaremos unos a otros para adorar a Dios por los siglos de los siglos, diciendo: "Al que está sentado en el trono y al Cordero, sean la alabanza y la honra, la gloria y el poder, por los siglos de los siglos!" (Ap 5:13b).

CÓMO EL LLANTO DE UN BEBÉ CALLA A SATANÁS

Cuando un bebé grita en medio de la noche, hambriento, frío, solo, húmedo, incómodo —las madres a menudo nos sentimos incomodadas. *¿Otra vez? ¿Ahora qué?* Suspiramos profundamente, gemimos, murmuramos, nos frotamos los ojos, y con renuencia movemos nuestras piernas cansadas hasta que tocan el suelo otra vez.

Pero esas lágrimas —balbuceantes, frustradas, desesperadas y todo lo demás— están anunciando mucho más de lo que tu bebé quiere o necesita. Son gritos que callan al Enemigo, que odia a Dios, odia la creación de Dios y odia el don de la vida misma. Las lágrimas de tu bebé desamparado están silenciando las burlas del diablo.

El escenario donde tu bebé emite su llanto es cósmico (y no solo estoy hablando del volumen desgarrador del mismo). En el Salmo 8:1 leemos: "Oh Señor, soberano nuestro, ¡qué imponente es Tu nombre en toda la tierra! ¡Has puesto Tu gloria sobre los cielos!".

El nombre del Señor, es decir, su reputación, todo acerca de quién es Él y de Su voluntad, es exaltado por encima de todas las cosas y de todo aquel que lo desafíe.

El versículo 2 continúa este pensamiento y nos mueve a sentir asombro ante el poder de nuestro Señor. Él magnifica Su fuerza a través de la debilidad. "De labios de los pequeñitos y de los niños de pecho, para silenciar al enemigo y al rebelde". El Enemigo de Dios es Satanás, y Satanás busca vengarse tomando, asfixiando, sofocando y mutilando la vida.

Considera, como lo hizo el rey David en el Salmo 8, la majestad de Dios en la creación del cosmos: "Cuando contemplo Tus cielos, obra de Tus dedos, la luna y las estrellas que allí fijaste, me pregunto: '¿Qué es el hombre, para que en él pienses? ¿Qué es el ser humano, para que lo tomes en cuenta?'" (vv. 3-4). El universo creado no se compara con la gloria de Su Creador. No hay nada más impresionante que el cielo, excepto Dios mismo. Los cielos que Él creó son un mero reflejo de Su gloria. Nuestra galaxia, la Vía Láctea, contiene al menos unos 200 billones de estrellas. Cuán asombrado debe estar nuestro corazón cuando consideramos la magnitud de la gloria infinita de Dios.

Ese pequeño bebé lleva la imagen del Santo. En este escenario cósmico de la gloria de Dios llamado universo, los gritos de un niño silencian las obras insolentes del enemigo de Dios. Dios ordenó que la vida continuara a pesar de la sierva decrépita del diablo, la muerte. Dios concedió que la vida eterna prevaleciera a través de Su Hijo, que se levantó victorioso de la tumba, para nunca perecer. Dios le da esta vida eterna como un don a aquellos que confíen en Su Hijo. La vida está aquí para quedarse por siempre.

Cuando oigas los gritos de tu bebé, ora para que el Señor te dé "oídos para oír" que estén espiritualmente afinados. Escucha cómo el Espíritu invita a tu corazón a través de un llamado a adorar al Señor soberano. Él usa las cosas débiles para avergonzar a los fuertes (1Co 1:27). Qué destello tan profundo y misterioso del carácter de nuestro Dios, cuyos propósitos no pueden ser frustrados, interrumpidos ni afectados.

Mientras estés escuchando, observa. Mientras tu pequeño llora por su querida cuchara azul ("¡No, mamá, la amarilla *no*!"), o escuchas el principio de una larga noche a través del monitor de bebé, mira con los ojos de tu corazón a través de estas ventanas de gracia. Observa la evidencia de la gracia de Dios al dar y sustentar la vida en nuestro mundo caído. Aférrate a la verdad de que Dios está contigo en tu buena obra de la maternidad. Sé que es un trabajo difícil y a menudo doloroso. Pero como "en nada se comparan los sufrimientos actuales con la gloria que habrá de revelarse en nosotros" (Ro 8:18), entonces no fijemos nuestros ojos en estos dolores temporales, sino en Cristo. Durante todos tus días y tus noches, responde a los llamados de Dios a adorarle, sirviendo y cuidando a pequeños desvalidos y adorando al Autor de la vida.

6

EL AMOR DE UNA MADRE

"¡Te amo MUCHISISÍSIMO!".

Desde que aprendieron a hablar, les hemos hecho esta pregunta a nuestros hijos casi cada noche antes de acurrucarlos en sus camas: "Mamá y papá te aman. Pero, ¿quién te ama más que todos?".[10] Y todas las vocecitas en la habitación gritan: "¡Jesús!".

El salmista le pide esta clase de amor al Señor: "Muéstranos, Señor, Tu amor inagotable, y concédenos Tu salvación" (Sal 85:7).

Jesús anuncia que Él es la respuesta al clamor del corazón del salmista: "Nadie tiene amor más grande que el dar la vida por sus amigos" (Jn 15:13). Pablo describe el amor sacrificial de Jesús en Romanos 5:7-8: "Difícilmente habrá quien muera por un justo, aunque tal vez haya quien se atreva a morir por una persona buena. Pero Dios demuestra Su amor por nosotros en esto: en que cuando todavía éramos pecadores, Cristo murió por nosotros". Unos versículos antes, en Romanos 5:5, aprendemos acerca del reconfortante ministerio del Espíritu Santo, que derrama el amor de Dios en nuestro corazón.

UNA MADRE AMA PORQUE DIOS LA AMÓ PRIMERO

De hecho, el amor del Señor es mejor que la vida (Sal 63:3) porque Su amor nos da *Su* vida. Es por causa de Su amor que somos capaces de amar. “Nosotros amamos a Dios porque Él nos amó primero” (1Jn 4:19).

Es este amor —el amor de Cristo— el que mueve a una madre cristiana a amar a sus hijos. El amor de Cristo es la razón por la que una madre le habla amablemente a sus hijos aunque ellos no respondan con amabilidad. El amor de Cristo es lo que hace que una madre le extienda gracia a sus hijos, quienes oyen cuando se abre una bolsa de papas fritas desde el otro lado del apartamento, pero no son capaces de oír ciertas palabras pronunciadas en su presencia, como: “Ordena. Tu. Habitación”. Somos controladas por el amor de Cristo cuando le hablamos a nuestros hijos una y otra vez con las palabras del evangelio de la esperanza. El amor de Cristo convence a las madres para que no vivan para sí mismas, sino para Él, quien murió por ellas y fue resucitado (2Co 5:15).

Una madre que tiene fe en Cristo Jesús ama a causa de la esperanza que está reservada para ella en el cielo (Col 1:4-5). Sabemos que esto es cierto porque la Biblia dice que es verdad. Personalmente, otra razón por la que sé que esto es cierto es que mi propia madre me amó de manera sacrificial e incondicional por su fe en Cristo. Sin lugar a dudas, la fe en la gracia futura fue lo que sostuvo el corazón de mi madre a través de mi horrenda adolescencia. Yo era una burladora, y sin embargo ella me amaba genuinamente. Yo seguía el consejo de los malvados, y aun así ella me amaba lo suficiente como para decirme que me estaba extraviando. Yo anduve en la senda de los pecadores, pero ella me amaba lo suficiente como para hablarme del perdón de Jesús. No existe tal cosa como un valle demasiado oscuro o una carga demasiado pesada para una madre; Jesús estará con ella y llevará sus cargas hasta el final.

La esperanza en la gracia futura de Dios por medio de Cristo Jesús es lo que sostiene el corazón de una madre cuando lo único que ella quisiera hacer es desmoronarse en mil pedazos. Sabemos que debido al gran amor del Señor, no hemos sido consumidas, y que Su compasión jamás se agota (Lam 3:22). Incluso Jeremías, quien vio la desolación de su amada ciudad, puso su esperanza en su Dios y Señor, y no en sus circunstancias. Reconoció que las bondades del Señor son nuevas cada mañana (Lam 3:23). Y esta fe en la gracia futura de Dios es lo que le permitió a Jeremías decir: "El Señor es todo lo que tengo. ¡En Él esperaré!" (Lam 3:24). ¿No te fascina la manera en que la Escritura hace que tu corazón se tambalee bajo un peso de gloria y a la vez es lo que te mantiene firme? Imagínatelo —el Señor es tu porción. ¿No estás convencida? Basta con mirar lo que el Padre le hizo a Su único Hijo (que voluntariamente se entregó a Sí mismo por ti) para que Jesús pudiera hacerte Su tesoro y Él fuera el tuyo.

Con demasiada frecuencia soy tentada a enfocarme en modificar comportamientos, cruzar los dedos y esperar lo mejor. Pero la salvación de las madres y de sus hijos le pertenece al Señor. Nosotras —todas nosotras— debemos confiar en el Hijo, aferrarnos a Su cruz, y regocijarnos en la esperanza de la gloria de Dios.

EL AMOR COMPLICA LAS COSAS

El amor sacrificial de una madre, fruto de la obra del Espíritu Santo en su corazón, es lo que la lleva a complicar su vida voluntariamente por el bien de sus hijos. Solo piensa en las extraordinarias complicaciones que has observado en tu propia vida, en la vida de tu madre, y en las vidas de otras madres que conoces. De manera particular, las muchas madres adoptivas que conozco han complicado sus vidas voluntariamente y con gozo para poder amar sacrificialmente a sus hijos.

Un amor como el de Cristo le da la bienvenida a las complicaciones de forma voluntaria y con gozo, porque está pensando en el bien de los demás. Si hemos recibido aliento, consuelo, afecto y compasión de parte de Cristo, y ahora somos parte de Él por Su Espíritu, entonces debemos darle a los demás ese mismo aliento, consuelo, afecto y compasión que fluye de nuestra unidad con Cristo (Fil 2:2). Mientras servimos a nuestra familia, debemos cuidarnos de no hacerlo de tal manera que alimente nuestros egos; con humildad hemos de considerar a los demás como superiores a nosotras (Fil 2:3). Cuando se trata de criar a nuestros hijos, no hay ningún acto de humildad que sea demasiado bajo si tenemos la mentalidad de Cristo Jesús, el Siervo humilde.

Considera cómo el Señor Jesucristo decidió complicar Su vida voluntariamente y con gozo para poder compartir Su vida con nosotros. Aunque existía en forma de Dios, "no consideró el ser igual a Dios como algo a qué aferrarse. Por el contrario, se rebajó voluntariamente, tomando la naturaleza de siervo y haciéndose semejante a los seres humanos. Y al manifestarse como hombre, se humilló a Sí mismo y se hizo obediente hasta la muerte, ¡y muerte de cruz!" (Fil 2:6-8). Como si el hecho de convertirse en Dios encarnado no fuera lo suficientemente humillante para el Creador, el Autor de la vida se humilló aún más al dejarse crucificar como un criminal, siendo inocente.

Es verdad que nuestros hijos necesitan escuchar una y otra vez acerca de este evangelio que da vida. Como madres, nosotras también necesitamos escucharlo.

Recuerdo esa cálida mañana en el desierto en que mi apego al "yo primero" se hizo evidente para toda mi familia. Las cirugías que le habían hecho a David en sus brazos le causaron un dolor físico persistente, y los períodos de recuperación fueron bastante intensos. Muchas veces no podía bañarse, vestirse o alimentarse. ¡En ocasiones tuve que poner a mis hijos más pequeños en fila junto a mi esposo y alimentarlos a todos por turno!

Durante una mañana particularmente difícil, todo el mundo estaba clamando por la ayuda y la atención de mamá. Había que cambiar dos pañales mojados, nadie tenía lista su ropa para ese día, y mi esposo necesitaba que lo ayudara con la ducha y el grifo del lavamanos. En medio del estruendo de los gritos de los pequeños,

David decidió bromear, diciendo: "¡Muy bien, niños! ¡El que grite más fuerte se ganará la ayuda de mamá para vestirse primero". Yo no me reí. No podía.

Por alguna razón, la amargura que sentía por mi situación era demasiado profunda para ser graciosa. Estaba enojada, y supongo que ya llevaba tiempo enojada. Me había olvidado de que Dios no es indiferente a mi situación. Había dejado de ver la vida como una batalla por el gozo en medio de la tristeza de un mundo caído. En ese momento solo quería que todos me dejaran en paz. Lo dije en voz alta y apretando los dientes: "¿Podrían dejarme en paz, por favor?". Los niños me ignoraron y siguieron lloriqueando. Mi esposo salió del baño en silencio, sin haber terminado su rutina matutina.

¿Por qué me faltaba tanto amor por los demás? ¿Por qué tenía una actitud tan hostil hacia la gente que más amo? Cuando oré y reflexioné sobre ese incidente, el Señor en Su misericordia me reveló que tenía un deseo profundo de satisfacer mis propias necesidades antes que las necesidades de los demás. Vi cómo mi servicio casi incesante hacia mi familia había sido propulsado por intentos de resucitarme a mí misma con mi fuerza de voluntad y de controlar mi ambiente. Pensaba que si tan solo lograba sobrevivir hasta la noche, entonces podría irme a dormir otra vez y nadie me molestaría hasta la mañana (tal vez). Creía que si tan solo organizaba bien los deberes de la casa, entonces el apartamento siempre estaría limpio. Pensaba que si tan solo encontraba por ahí los mejores trucos para una buena crianza, entonces los niños se pastorearían solos, así como en piloto automático. Y, por supuesto, sentía que si la discapacidad de mi esposo finalmente desapareciera, entonces podríamos seguir adelante con nuestras vidas. Había olvidado al Señor, y esta clase de amnesia puede proyectar una larga sombra sobre el alma.

Amar como Jesús ama significa morir a uno mismo mil muertes al día. Hay momentos en los que nuestra motivación no es el amor de Cristo y nos enojamos con nuestros hijos, no porque quebranten la ley de Dios, sino porque quebrantan la nuestra. Puede que nos alteremos demasiado con nuestros hijos por una pequeña desobediencia o por argumentos sin sentido. Puede que estemos descuidando el bienestar físico, emocional y espiritual de nuestros hijos. Puede que nos sacrifiquemos mil veces al día (y mil veces por la noche) y que nos estemos resistiendo a entregarnos para servir a otros.

Podríamos incluso estar sirviendo muy bien a los demás, y al mismo tiempo estar quejándonos porque nuestros hijos y nuestros maridos no nos aplauden lo suficiente como para reconocer nuestros esfuerzos.

La humildad de Jesús redefine nuestras ideas mundanas de lo que significa servir a los demás. Él nos dio un mandamiento *nuevo*: "Este mandamiento nuevo les doy: que se amen los unos a los otros. Así como Yo los he amado, también ustedes deben amarse los unos a los otros" (Jn 13:34). Necesitamos ser redimidas y refinadas por la gracia de Dios. Necesitamos someternos al Salvador, quien nos puede liberar de nuestra esclavitud de servirnos y adorarnos a nosotras mismas. Cuando una madre se apropia de la muerte expiatoria de Cristo por la fe, ella ve la muerte de su pecado en la muerte de Cristo. "Por lo tanto, ya no hay ninguna condenación para los que están unidos a Cristo Jesús, pues por medio de Él la ley del Espíritu de vida me ha liberado de la ley del pecado y de la muerte" (Ro 8:1-2).

Una madre cuyo pecado ha sido enterrado con Cristo en Su muerte, ha sido resucitada a una nueva vida en Su resurrección. Ahora es esclava de la justicia (Ro 6:18). Hay un canto nuevo en su ser, un estribillo que resonará durante sus días y sus noches: una canción acerca del amor redentor.

NUNCA HAGAS SACRIFICIOS

Uno de mis héroes misioneros es David Livingstone, un hombre que pasó la mayor parte de su vida perseverando a través de dificultades extraordinarias para que el evangelio fuera conocido en África. A menudo recuerdo su ejemplo de resistencia y fe cuando estoy en escenarios de tipo "supongo que siempre podría ser peor". Pero no es por eso que Livingstone me anima tanto. Una fe sólida no se forja comparando mis circunstancias terrenales con las de otros y pensando que son mejores. "Siempre podría ser peor" no puede sostener mi frágil corazón. La única garantía indestructible que podemos tener es la esperanza en la fidelidad eterna de Dios. Mi corazón se fortalece al considerar que tenemos el mismo Padre celestial, que somos salvos por el mismo Jesús, que en nosotros vive el mismo Espíritu Santo, y que nos regocijamos en el mismo evangelio. Si Dios sostuvo a este hermano en el pasado, entonces Él me puede sostener a mí también.

Entonces, ¿qué tiene que ver esta anécdota acerca de un misionero en África con la maternidad y los sacrificios? Livingstone dio un discurso en la universidad de Cambridge, que ha moldeado mi forma de pensar en cuanto a la maternidad. No hablaba específicamente de la maternidad; hablaba acerca de tener una perspectiva eterna y de su rol como misionero. Cuando leo sus palabras, es inevitable pensar en cómo esos mismos principios se aplican a la vida de una madre cuya esperanza está en el evangelio. Livingstone dijo:

> "Por mi parte, nunca he dejado de regocijarme de que Dios me haya designado para tal cargo. La gente habla del sacrificio que he hecho al pasar gran parte de mi vida en África... ¿Se puede considerar un sacrificio aquello que trae su propia y bendita recompensa en la actividad saludable, la conciencia de hacer el bien, la paz interior y la gran esperanza de un destino glorioso en el más allá? ¡Olvídate de esa palabra y de tal pensamiento! Ningún sacrificio. Digamos que es un privilegio. De vez en cuando, la ansiedad, la enfermedad, el sufrimiento o el peligro, al quitarnos la usual comodidad y los beneficios

> comunes de esta vida, pueden hacer que nos detengamos, que el espíritu vacile y que el alma se hunda; pero que esto sea solo por un momento. Todo esto no es nada comparado con la gloria que será revelada en y para nosotros. *Yo nunca hice un sacrificio*".

Sin duda, las madres hacen sacrificios por sus hijos de mil maneras cada día. Pero tenemos que definir y evaluar estas cosas con una perspectiva eterna. Al igual que Livingstone, debemos preguntarnos: ¿Es ese servicio para mi hijo un sacrificio que trae su propia bendita recompensa en su bienestar, la conciencia de servir a Dios, la paz interior y la gran esperanza de un destino glorioso? Dicho de otra manera, cuando una madre triunfa en el evangelio, su gran esperanza en Jesús supera *cualquier* ganancia terrenal que ella pudiera haber obtenido al negarle a su hijo el amor sacrificial de Jesús.

Así que cuando consideramos bajo esta luz la vocación, el trabajo y los sacrificios de la maternidad, podemos gozarnos y decir que nunca hemos hecho un sacrificio.

AMANDO A TUS NIÑOS SOLO PARA LA GLORIA DE DIOS

También es posible que las obras hechas por amor para un hijo sean una clara evidencia de que nuestros corazones son como fábricas de ídolos. Me estremezco al pensar en la frecuencia con que justifico mi autoadoración bajo el disfraz de "porque amo a mis hijos" y me pongo a mí misma o a mis hijos en la posición de Dios. Le doy mucha importancia a mis hijos y a mis preferencias en cuanto a la crianza, y poca importancia a Dios. Esto sigue siendo una enorme tentación para mí, pues caigo todo el tiempo en esta trampa del ego, y por eso estoy tan agradecida por cómo el evangelio me libera de buscar mi propia gloria en la crianza o en mis hijos. Mis hijos, aunque probablemente no puedan articularlo aún, se sienten aliviados de que cuando atesoro a Jesús, son liberados de la carga de ser el centro de mi mundo. Ningún niño debería tener que soportar el peso de la gloria y la reputación de su madre.

Toda madre puede ser liberada de buscar su propia gloria cuando ella ama a sus hijos con tal de que el nombre de Jesús sea famoso entre las naciones. Tal vez la corrección más apropiada que he recibido en cuanto a esta tentación es lo que Jesús le dijo a Pablo acerca de jactarse: "...pero Él me dijo: 'Te basta con Mi gracia, pues Mi poder se perfecciona en la debilidad'. Por lo tanto, gustosamente haré más bien alarde de mis debilidades, para que permanezca sobre mí el poder de Cristo" (2Co 12:9). ¿Quiero que el poder de Cristo permanezca sobre mí como madre de mis hijos? ¡Sí, por favor! Entonces necesito a Jesús para que me libere de mi deseo de ser adorada por mi maternidad. Necesito reconocer mis debilidades para poder valorar el poder de Cristo.

La gracia soberana de Dios me libera de tener que preocuparme por orquestar cada detalle de la vida de mis hijos. El evangelio me recuerda que los planes de una madre no son determinantes; los de Dios sí lo son. Dios es el que ha creado a estos niños, y Él tiene propósitos mucho más intencionales de glorificarse a Sí mismo a través de estos niños de lo que yo jamás podría soñar. Dios hizo a estos niños para Sí mismo, por amor de Su nombre.

Cada célula en sus pequeños cuerpos existe para la gloria de Dios. El Señor ya conocía la vida de nuestros hijos antes de que los espermatozoides se acercaran a los óvulos. Él ordenó sus destinos desde antes de la fundación del mundo. Él sabe el número de sus días y ninguna parte de sus historias le sorprende. Es a ese Dios a quien debemos encomendarle a nuestros hijos de una manera diaria y activa. El Señor Soberano del universo es digno de nuestra fe y de nuestro reconocimiento de que nuestros hijos le pertenecen. Todos le pertenecemos a nuestro Creador. Cuando pensamos que nuestros hijos existen para alimentar nuestros egos, nos distraemos de nuestro propósito primordial de servir a nuestros hijos, y de enseñarles quién es Dios y de mostrarles que ellos existen para disfrutar de Él.

Cuando atesoramos a Cristo como lo más importante en nuestras vidas, le estamos dando a nuestros hijos una ilustración del autosacrificio, del servicio al prójimo, del perdón de pecados y de la gracia, que les hace ver por qué Dios es digno de ser visto, admirado y presentado como la mayor esperanza que podamos tener jamás. Jesús es el que más nos ama con Su amor redentor.

7

MAMÁ NO SIEMPRE SABE LO QUE ES MEJOR

Aunque una mamá no sea quisquillosa, tiene que elegir entre muchas cosas. Una noche, justo antes de irse a dormir, mi hija mayor se me acercó con un plan para el menú del día siguiente: "Mamá, tengo una súper idea. ¿Qué tal si mañana comemos cereal de desayuno? Luego, de almuerzo comemos sándwiches de mantequilla de maní y de mermelada con papas fritas. Y para la cena nos comemos lo que quedó de la sopa que hiciste hoy".

A mi me pareció una idea deliciosa, así que le dije: "Vaya. Eso suena genial". A eso le añadió un consejito más: "Y, mamá, tal vez deberías apuntar todo esto. Si quieres te hago un dibujo al lado de cada cosa. Así no se te olvida que hablamos de esto y mañana ya no tienes que pensar".

Mi hija me conoce muy bien. Lo de la planificación de menús y las compras en el supermercado no se me dan muy bien, así que aprecio su ayuda.

Cuando al fin había aprendido cómo cocinar para dos, llegó nuestra primera hija. Después, justo cuando logré hacer la transición para poder alimentar a nuestra pequeña familia, nos mudamos al extranjero. Cambié de onzas a gramos, de dólares a *dirhams*, de calabacín a médula de res, de granola a *muesli*, de carne molida a carne picada, y así sucesivamente. En el primer año que vivimos aquí, ir al supermercado me mareaba (y muchas veces me irritaba) por la manera tan diferente en que funcionaba todo y por los tantos alimentos nuevos que no llevaban etiquetas nutricionales.

Las decisiones sobre cómo alimentar a nuestra familia de repente se convirtieron en complejas y desconcertantes. Tenía que aprender tantas cosas que llegó a ser muy abrumador.

LA CARGA DE LAS DECISIONES

Creo que muchas de nosotras nos sentimos abrumadas cuando nos convertimos en madres. Nos sentimos agobiadas por las decisiones que hemos de tomar antes de que llegue el bebé. ¿Qué vitamina prenatal debo tomar? ¿Cómo elijo entre los diferentes obstetras o comadronas? ¿Cuál es la mejor forma de llevar a cabo el proceso de adopción? ¿Queremos saber el sexo del bebé antes de que nazca? ¿Estamos abiertos a adopciones interraciales o internacionales? ¿Debo dejar mi trabajo? ¿Cuándo debo dejar mi trabajo? ¿Cómo nos pondremos de acuerdo en cuanto al nombre del bebé?

Si te embarcaste en este viaje sin ser consciente de todo esto, es probable que este aspecto de la toma de decisiones en la maternidad te haya caído encima como una tonelada de masilla. Tal vez te sorprendiste por la forma en que tus decisiones personales parecían etiquetarte como una “mamá ____”. Tal vez te sorprendiste al descubrir valores que no sabías que tenías. Seguro que te has entristecido al ser confrontada por críticas que no sabías que tendrías. Y espero que hayas experimentado la bendición de tener cosas en común con nuevas amigas.

Las decisiones que una madre debe tomar en el transcurso de un día son innumerables. Desde decisiones temporales hasta las que son a largo plazo. ¿Dónde puede una madre encontrar sabiduría? La decisión más importante que una madre puede tomar cada día es temer al Señor y buscar Su sabiduría. Santiago 1:5 dice: “Si a alguno de ustedes le falta sabiduría, pídasela a Dios, y Él se la dará, pues Dios da a todos generosamente sin menospreciar a nadie". Esta sabiduría del Señor no se encuentra simplemente hojeando las páginas de la Palabra de Dios sin interés. Obtenemos la sabiduría de Dios cuando se la pedimos, y la forma en que Su sabiduría se revela más profundamente es a través del don de Su Hijo. La cruz de Jesucristo es la sabiduría de Dios que vence la sabiduría de esta época. No hay sabiduría más profunda o más relevante que temer al Señor y adorar al Dios-hombre, Jesucristo, y conocerlo a través de Su Palabra.

La tiranía de las decisiones urgentes es engañosa. A menudo sentimos que la decisión más importante del día es sobre la actividad extracurricular que escogeremos para nuestro hijo o si deberíamos darle un chupete al bebé o no. Sin embargo, lo que más afecta nuestra vida cotidiana es si buscamos al Señor en Su Palabra y por medio de la oración, para poder llenarnos con el conocimiento de Su voluntad en toda sabiduría espiritual y entendimiento. Más relevante que nuestras elecciones o estrategias maternas es si estamos caminando de una manera que es digna de Él, agradándole en todo, dando fruto en toda buena obra y creciendo en el conocimiento de Dios (Col 1:9-10).

A TODAS NOS FALTA SABIDURÍA

Cuando recién me convertí en madre, una amiga mayor que yo me dio un buen consejo: "Justo cuando logras manejar bien una etapa, comienza otra. Así que no te obsesiones demasiado con los detalles". Creo que lo que dijo fue bastante útil, especialmente para alguien como yo que se siente un poco incómoda por todo lo que desconozco acerca de la maternidad.

Más allá de la sabiduría que nos falta por nuestra inexperiencia, tenemos un problema aún más profundo. Nuestro pecado nos lleva a ser independientes de Dios. No deseamos Su sabiduría. Pablo dice en Romanos 7:18: "Yo sé que en mí, es decir, en mi naturaleza pecaminosa, nada bueno habita. Aunque deseo hacer lo bueno, no soy capaz de hacerlo". Incluso cuando sabemos que necesitamos buscar la sabiduría de Dios, tenemos que luchar contra nuestra carne, la cual se opone a la bondad de Dios. Somos pecadores orgánicos; sin Cristo somos intolerantes a la santidad.

El puritano Thomas Watson dijo: "Mientras el pecado no nos sepa amargo, Cristo no será dulce para nosotros". Creo que el ministro escocés Thomas Chalmers, que predicó sobre "el poder expulsivo de un nuevo afecto", habría añadido: "Mientras Cristo no sea dulce para nosotros, el pecado no nos sabrá amargo".

Nuestro afecto por el pecado necesita ser desalojado del trono de nuestro corazón por un poder superior. Necesitamos un nuevo corazón. Necesitamos que el Espíritu Santo que mora en nosotros nos dé afectos santos, que incline nuestro corazón a amar a Jesús y a ser atraídas por Su santidad. Es la única manera. "No conozco otra manera de triunfar a largo plazo sobre el pecado que lograr que nos repugne debido a una satisfacción superior en Dios".[11]

No podremos cambiar nuestra carne y nuestro amor por el mundo solo enumerando todas las formas en que hemos sido decepcionadas por nuestro pecado o por el mundo. Tal vez ya te has dado cuenta de lo inútil que es hablar con tus amigas para quejarte de las decepciones que has sufrido en tu maternidad. Desahogarnos con respecto a estos desalientos no provocará en nosotras una emocionante sensación de esperanza en Dios. Rechazar los dones de Dios es una cura incompleta y en última instancia es inútil para los males del corazón. Renunciar a las bellezas de la maternidad contradice el cristianismo de la misma forma en que lo hace el hedonismo de una madre que idolatra su maternidad.

La profundidad de nuestra depravación y la inclinación de nuestro corazón a justificarse a sí mismo son indicios de algo sumamente importante. Nos muestran que lamentarnos por la insuficiencia del mundo es una manera incompetente de rescatar y recuperar nuestro corazón de esos afectos equivocados. Nuestro corazón necesita ser redimido por Jesús y hecho nuevo.

El poder superior del afecto y la devoción a Jesús puede hacer lo que ningún lamento por el mundo o por la temporalidad de los dones terrenales de Dios podría hacer jamás. No basta con demostrarte cómo la seducción de unas cosas y las artimañas de otras cosas acabarán atrapándote nuevamente. Tienes que introducir en tu alma un afecto superior —uno que sea "lo suficientemente poderoso como para despojar al primero de su influencia".[12]

Este afecto superior debe tener la capacidad de satisfacer el corazón como ninguna otra cosa. Es como cuando has probado un pastel de queso casero al estilo neoyorquino, ese que no es posible hacer con polvos artificiales de caja. En comparación, este afecto superior es lo que hace que todos los ídolos y las tentaciones sean patéticos, ridículos y triviales.

¿CÓMO AMAR LA SABIDURÍA?

Cuando los bebés empiezan a comer alimentos sólidos, nos aseguramos de darles los alimentos nutritivos que sean apropiados para su edad. Nos preocupamos por la textura, la temperatura y las cantidades porque los bebés no saben cómo hacer esto por sí mismos.

¿Cómo te estás alimentando espiritualmente? ¿Estás hambrienta por la sabiduría de Dios? ¿Anhelas la Palabra de Dios por encima de todos los pedacitos de información, noticias y actualizaciones de estado que están disponibles para ti? Todos los días nos enfrentamos a la tentación de querer buscar y seguir una cantidad excesiva de instrucciones para todo. En sí mismos, los consejos prácticos, las guías y los sitios web para madres son muy útiles. Necesitamos ayuda práctica. Acabo de revisar el historial de búsqueda en mi navegador web, y en las últimas 48 horas he buscado las respuestas a siete preguntas prácticas sobre cómo hacer algo.

Pero hacer un esfuerzo por aprender cosas prácticas no es mi problema. Mi mayor problema es que vivo bajo la ilusión de que puedo hacer cualquier cosa que me proponga mientras digo que necesito de la sabiduría de Dios. Necesito entender de todo corazón que no puedo hacer nada para la gloria de Dios sin la guía y la ayuda del Espíritu Santo. En este sentido, la doctrina bíblica llena mi corazón con la verdad de Dios y me da la sabiduría que necesito para entender que mi mayor problema no es que hago muchas cosas a la vez, ni mi falta de experiencia en la maternidad o en la vida doméstica. Las madres que alimentan sus almas con la Palabra de Dios prosperarán a medida que sus corazones sean enseñados por la sabiduría de Dios.

Las tablas de verificación son herramientas excelentes, pero no están por encima de la sabiduría de Dios. Cuando se trata de tomar decisiones sobre cuestiones difíciles, tendemos a preferir las listas que enumeran los pasos a seguir. "¡Solo dime qué tengo que hacer!". Cuando aconsejo a otras mujeres, muchas veces me dicen que sienten que están entre la espada y la pared. La teología es indispensable para moldear la mente de una madre que toma decisiones —difíciles y fáciles. Es en la teología que empieza la practicidad. ¡Mira lo que dice la Escritura!

> El comienzo de la sabiduría es el temor del Señor;
> conocer al Santo es tener discernimiento. (Pro 9:10)

> Y dijo a los mortales:
> "Temer al Señor: ¡eso es sabiduría!
> Apartarse del mal: ¡eso es discernimiento!". (Job 28:28)

> El principio de la sabiduría es el temor del Señor;
> buen juicio demuestran quienes cumplen Sus preceptos.
> ¡Su alabanza permanece para siempre! (Sal 111:10)

El temor del Señor es corrección y sabiduría;
la humildad precede a la honra. (Pro 15:33)

Escribo con la autoridad de una mujer que ha probado una gran cantidad de comida chatarra espiritual y sufrido de dolorosas caries espirituales. El consejo espiritual que tiene "calorías vacías" o que carece de una doctrina bíblica sana no puede satisfacer un alma que fue hecha para estar satisfecha únicamente con un Dios infinito. "Prueben y vean que el Señor es bueno; dichosos los que en Él se refugian" (Sal 34:8). Necesitamos rendir nuestro corazón en humildad antes de acudir al Internet en busca de respuestas. El Salmo 34:18 dice: "El Señor está cerca de los quebrantados de corazón, y salva a los de espíritu abatido". Dios, nuestro sabio Padre, da sabiduría a todos los hijos que se la pidan (Stg 1:5). Él nos da Su sabiduría y nos satisface consigo mismo para librarnos de andar vagando por el desierto y morir de deshidratación espiritual.

Jesús es la sabiduría de Dios. Su cruz es la más profunda expresión de sabiduría que el Santo haya hecho. La obra expiatoria del Cordero de Dios vence la sabiduría de nuestra época. Por medio de Su muerte en la cruz, Jesús nos conduce directamente a nuestro Padre a través de Sí mismo, el único mediador entre Dios y el hombre. Jesús se ofrece a Sí mismo y ofrece Su sabiduría gratuitamente:

¡Vengan a las aguas
todos los que tengan sed!
¡Vengan a comprar y a comer
los que no tengan dinero!
Vengan, compren vino y leche
sin pago alguno.
¿Por qué gastan dinero en lo que no es pan,
y su salario en lo que no satisface?

Escúchenme bien, y comerán lo que es bueno,
    y se deleitarán con manjares deliciosos.
Presten atención y vengan a Mí,
    escúchenme y vivirán.
Haré con ustedes un pacto eterno,
    conforme a Mi constante amor por David. (Is 55:1-3)

Seguir a Cristo, amar a Cristo, y obedecer a Cristo son, sin duda, las decisiones más importantes que toda madre puede tomar. Y las repercusiones de estas decisiones afectan cada día de nuestras vidas.

8

LAS BUENAS NOTICIAS Y LOS DÍAS DIFÍCILES COMO MADRE

Hay algunos días en los que la hora de la siesta no llega lo suficientemente rápido, porque ya en la tarde es mamá la que está fuera de control. Recuerdo un día en que mis hijas mayores estaban pasando por un ciclo de lloriqueo constante, y me pregunté en voz alta: "¿Cuándo le toca a mamá quejarse?". Una de las niñas se detuvo y me respondió: "Está bien, mami. Puedes tener un turno. Es lo justo".

Aun aquellas madres que lleven tiempo sin hacer una rabieta pueden entender esa sensación de que ya no podemos más, sintiéndonos emocionalmente drenadas y exasperadas, sin saber cómo llegaremos al final del día. Para muchas de nosotras, la frustración proviene de las expectativas poco realistas que tenemos de nosotras mismas. En lugar del dulce alivio y la satisfacción que deberíamos sentir después de un largo día de trabajo arduo, nos lamentamos por los errores, las oportunidades perdidas y las debilidades. Bromeamos, diciendo: "No hay madres perfectas", pero nos la pasamos intentando demostrar que podríamos ser la excepción.

Otras madres se sienten abrumadas por la logística de la vida misma. Yo experimenté esta frustración cuando nos mudamos al extranjero, que coincidió con una etapa difícil en mi segundo embarazo, al mismo tiempo que empeoraba la discapacidad física de mi esposo. La vida misma parecía imposible, y ni hablar de una vida rebosante de alegría. Fue durante ese tiempo que aprendí que esas frases cliché acerca de la vida con las que queremos animar a otros, son como los pañales baratos. Solo el evangelio puede hacer que tu fe persevere en medio de una crisis espiritual. Con demasiada frecuencia nos conformamos con lanzar esos clichés con tal de alumbrar la oscuridad de nuestras dudas. Pero su luz y consuelo se desvanecen enseguida.

Puede que los sentimientos más espantosos durante estas frustraciones provengan de un pensamiento oscuro en particular. Esos pensamientos oscuros son mentiras que somos tentadas a creer. Esta idea tiene que ver más con el karma que con la gracia: sospechamos que la manera en que transcurrió el día refleja qué tan complacido Dios está con nosotras.

¿SOLO RELÁJATE Y TÓMATE UN DESCANSO?

¿Cuál es nuestra esperanza cuando un diluvio de frustraciones domésticas amenaza con arrastrarnos hasta el mar del desaliento? ¿Deberíamos consolarnos pensando que simplemente se trata de una temporada que pronto pasará?

Tal vez esa madre frustrada eres tú, o tal vez seas la mamá que está tratando de alentar a otras amas de casa desesperadas. La vida cotidiana de las madres de otras partes del mundo es diferente, pero nuestra esperanza es la misma. Todas necesitamos experimentar la realidad concreta de una esperanza que nos sostiene en cada temporada y que nunca pasará. Las madres frustradas y las amas de casa desesperadas tienen un problema mucho más profundo que nuestra necesidad de un descanso de la rutina diaria, aunque el descanso físico sí es una necesidad diaria.

Negar que tenemos días difíciles solo funcionará hasta que llegue el próximo día difícil. Y limitarnos a relajarnos de vez en cuando no funciona a largo plazo.

Lo que todas necesitamos es que el Hijo nos rescate de nuestro pecado. Él fue separado del Padre cuando tomó nuestro pecado sobre Sí mismo para que por Su gracia pudiéramos estar unidas a Dios por siempre. Lo que necesitamos es ver la luz de la gloria de Dios en el rostro de Cristo resplandeciendo en nuestro corazón (2Co 4:6).

Solo la luz resplandeciente del evangelio puede disipar la oscuridad de nuestras dudas e iluminar el pecado del que necesitamos arrepentirnos. Es a través de la luz del evangelio que vemos cómo la bondad de Dios nos lleva al arrepentimiento. Y, por Su gracia, Dios hace que nuestras circunstancias frustrantes se sometan a Sus propósitos para nuestra vida. Dios usa estas situaciones para que crezcamos en semejanza a Cristo, para que nos hartemos de nuestro pecado, y para enseñarle a nuestro corazón a anhelar la gracia futura. Me encanta lo que dijo Ed Welch sobre la esperanza en la gracia futura de Dios: "Tu futuro incluye el maná. Vendrá. No tiene sentido idear escenarios futuros ahora porque Dios hará más de lo que esperas. Cuando entiendes el plan de Dios de darnos gracia futura, tienes acceso a lo que posiblemente sea el más potente bálsamo de Dios contra la preocupación y el miedo".[13]

Cuando estamos sirviendo en nuestros hogares, necesitamos ver con los ojos de nuestro corazón que Cristo es la justicia de todo aquel que cree (Ro 10:4). Eso significa que no tratamos de lavar o reparar los trapos de nuestra justicia propia como si nos justificaran ante Dios. Jesús es nuestra justicia. No pulimos nuestros trofeos de realización doméstica como si nos dieran confianza ante el trono de Dios. Cristo es nuestra confianza. Es como dice Jerry Bridges en su libro *The Discipline of Grace* [*La disciplina de la gracia*]: "Tus peores días nunca son tan malos como para que estés fuera del alcance de la gracia de Dios. Y tus mejores días nunca son tan buenos como para que no necesites la gracia de Dios".[14]

Cristo es nuestra justicia, y Él es el mismo ayer y hoy y por los siglos (Heb 13:8). Por eso no nos atrevemos a depositar nuestra confianza en nuestro mejor día ni en dulces emociones; ni deberíamos temblar por haber tenido un día horroroso con la mayor indisposición.

Nos deleitamos en Jesús, a quien Dios ha hecho nuestra sabiduría, justificación, santificación y redención (1Co 1:30). Y ese deleite en Jesús hace que desbordemos en alabanza, y el Espíritu da Su fruto en nuestras vidas para que sea Dios quien reciba toda la gloria.

¿"PARA CUANDO NECESITEMOS AYUDA"? ¡EN CASA SIEMPRE NECESITO AYUDA!

Las madres frustradas y las amas de casa desesperadas pueden acercarse al trono de la gracia de Dios cada día. No tenemos que esperar a que llegue el próximo día difícil.

Jesús, nuestro Sumo Sacerdote, está a la diestra del Padre intercediendo por nosotras, pecadoras inútiles que confían en el sacrificio que Él hizo en la cruz a nuestro favor. "Por tanto, acerquémonos confiadamente al trono de la gracia, para alcanzar misericordia y hallar gracia *para cuando necesitemos ayuda*" (Heb 4:16 RVC).

Una vez, una amiga mía comentó: "¿'Para cuando necesitemos ayuda'? ¡En casa *siempre* necesito ayuda!". No hay mejor momento que todo el tiempo para pedirle con denuedo a Dios por Su misericordia y Su gracia. Tu Padre cuida de ti, Jesús no te ha abandonado, y el Espíritu se lo afirma a nuestros corazones (Ro 5:5).

¿Es el Señor tu pastor? Él no te dejará en medio de tu necesidad. Dios nos da esta mayordomía de la gracia según Sus riquezas en gloria en Cristo Jesús, y nos capacita para hacer lo que Él nos ha llamado a hacer. ¡Cada día!

La maternidad es un trabajo agotador, tanto física como emocionalmente. ¿Dónde puede una madre encontrar la fuerza que necesita para servir a su familia? En Dios, que "puede hacer que toda gracia abunde para ustedes, de manera que siempre, en toda circunstancia, tengan todo lo necesario, y toda buena obra abunde en ustedes" (2Co 9:8). Aun cuando nuestra espalda esté adolorida y nuestro cuerpo esté cansado, Dios puede fortalecer a las madres "en todo sentido con Su glorioso poder. Así perseverarán con paciencia en toda situación" (Col 1:11). Cuando Dios nos da toda la herencia de la gracia que tenemos en Cristo (Col 1:12), no podemos hacer otra cosa que darle las gracias.

Así que cuando te quedes sin aliento por el trabajo duro que tienes en casa, piensa que *estás* respirando, ¡y eso es suficiente para alabar a Dios! Cuando te sientas desesperada por descansar, eso es un recordatorio de que estás desesperada por recibir la gracia de Dios. Dale gracias al Señor por el don de sentir tu necesidad de Él. ¿Sabes dónde estás ahora mismo? Puede que estés leyendo este libro sentada en tu auto mientras esperas que tus hijos salgan de la escuela. ¿Pero sabes dónde estás? ¿Has sido resucitada con Cristo? Tú estás en Cristo, sentada con Él en los lugares celestiales. Entonces centra tu atención en las cosas de arriba (Col 3:2). ¿Perteneces al que ha resucitado de entre los muertos? Da fruto para Dios (Ro 7:4). Cuando tu día parezca imposible de manejar y sientas que todo está fuera de control, respira profundo y recuerda: "Bendito sea el Señor, nuestro Dios y Salvador, que día tras día sobrelleva nuestras cargas. Nuestro Dios es un Dios que salva" (Sal 68:19-20). Hay promesas compradas por Su sangre que son tuyas y que están para ayudarte en momentos como esos. Cada día que el sol se levanta y se pone es un recordatorio para nosotras de que llegará el día en que la voluntad de Dios se hará en la tierra como en el cielo. De todas estas maneras y de muchas más, las madres podemos recibir el reino de Dios aun en medio de nuestras vidas ocupadas.

MEJOR QUE UN BESO MÁS DE BUENAS NOCHES

En casa, todos los que miden menos de 1.20 metros de altura tienden a alocarse un poco alrededor de las 7:00 p.m. Una amiga muy sabia a menudo me recuerda que pronto llegarán los días en que se inviertan los papeles. Algún día seré yo la que tenga que convencer a mis hijos para que se levanten de sus camas. Esos días parecen tan lejanos.

Los niños pequeños tienden a sentirse más vulnerables por la noche. Afuera está oscuro, la actividad de la casa va disminuyendo, y ellos escuchan los "no más" de la hora de acostarse: no más agua, no más meriendas, no más juegos, no más juguetes, no más volteretas.

E inmediatamente, todos juntos empiezan su serie de preguntas "uno más": ¿Un libro más? ¿Un sorbo más de agua? ¿Un abrazo más? ¿Un beso más de buenas noches?

Por la gracia de Dios, es en esos momentos que los frutos del Espíritu Santo tales como la paciencia y la mansedumbre crecen y maduran. Dios es quien recibe la gloria por darme la fuerza que necesito para ser amable con mis hijos cuando tengo prisa o estoy molesta al final de un día largo. Y en los momentos en que dejo que el fruto del Espíritu se pudra por mi pecaminosidad, el Señor me da la gracia que necesito para pedirle perdón a mis hijos por mi precipitación, mi insensibilidad y mis palabras desagradables. La hora de acostarse es una prueba para todos nosotros.

Siempre les aseguro a mis hijos que permaneceré cerca de ellos. "Mami se va a la sala de estar, y luego a mi habitación a dormir. Seguiré estando aquí". Los dejo con recordatorios y objetos que les ayudan a conciliar el sueño: "Aquí está el *sheriff* y el astronauta de Judson; aquí está la almohada rosa de Aliza, y aquí está el unicornio de Norah —y el peluche, y los brazaletes, oh, y las muñecas. Les dejé música en el temporizador, y la luz del baño está encendida en caso de que tengan que ir".

Les doy un poco de cariño extra para mostrarles que los amo: "Otro beso para ti, para ti y para ti. Y otro abrazo para ti, para ti y para ti".

Con todo esto, los sollozos y las protestas puede que continúen. Les repito un último versículo para recordarles de la presencia de Dios y Su cuidado paternal: "Pueden dormir tranquilos porque el Señor nunca duerme y Él está cuidando de ustedes. Incluso la oscuridad es como la luz del día para Él, así que Él siempre puede verlos. Si se sienten ansiosos, entonces oren a Dios y cuéntenle todo a Él porque Él los ama mucho, y Él puede ayudarlos".

Pero en última instancia, tengo que irme. Tengo que darles un último beso, decir "buenas noches" por última vez. ¿Qué piensan mis hijos que es mucho mejor que todas estas garantías externas de mi amor y cuidado hacia ellos? Una presencia interna y permanente. En su habitación, específicamente: "Mami, ¿por qué no te quedas más tiempo? ¿O por qué no duermes en nuestra habitación?". Mi presencia continua es lo que más tranquilidad les da.

Todo este movimiento a la hora de acostarse es un destello de gracia que me recuerda que parte del ministerio del Espíritu Santo hacia mí es calmar mis temores ansiosos y darme paz y seguridad cuando me siento insegura en cuanto al cuidado y el amor de Dios.

El Espíritu sella nuestras almas para Dios de manera eficaz e impecable. Por varias razones, hay momentos en que los creyentes no nos sentimos particularmente cerca de Dios, pero permanecemos en Cristo debido a la presencia del Espíritu Santo en nuestro interior. Cuando el Espíritu Santo habita en ti, no tolera ningún "compañero de habitación". Nunca se le podrá dar un aviso de desalojo. Su arrendamiento es permanente. Comencé a valorar más esta certeza al reflexionar sobre los testimonios de creyentes en Cristo que habían sido influenciados o poseídos previamente por espíritus inmundos.

Muertos en sus delitos y sometidos a las voluntades de los espíritus inmundos, estos hombres y mujeres se comportaron de acuerdo al carácter inmundo e impío del espíritu que ocupaba su "casa". Cuando el Espíritu Santo estableció Su residencia permanente en sus corazones, ellos fueron sellados por siempre. De la misma manera, si estás en Cristo, entonces la presencia del Espíritu es tu garantía de que has sido sellada y marcada para tu Padre celestial por siempre. El Espíritu es Dios, y Su obra inalterable y eficaz es una realidad objetiva que no puede ser negada ni confirmada por tus emociones subjetivas (Ef 1:13-15), ni amenazada por ningún espíritu inmundo.

Nuestros corazones cobran ánimo con todos los recordatorios y las evidencias que vemos a nuestro alrededor del amor de Dios por nosotros. Vemos la gracia común de Dios, Su divina providencia, ¡y muchísimo más!

Incluso cuando sentimos que vamos a enloquecer por causa de este o aquel sentimiento de incertidumbre o vulnerabilidad, podemos disfrutar de la certeza interna y permanente que recibimos del Espíritu Santo (Is 59:21), que derrama el amor de Dios en nuestros corazones. ¡Mira hasta dónde ha llegado el Señor para que nuestros corazones inciertos pudieran ser consolados por Su amor!

Con esta perspectiva sobre nuestra verdadera esperanza y la fuente de nuestro consuelo, podemos orar junto con Pablo y pedirle al Señor que haga lo mismo por nosotras: "Que el Señor los lleve a amar como Dios ama, y a perseverar como Cristo persevere" (2Ts 3:5).

9

EL PREMIO FICTICIO A LA "MADRE DEL AÑO"

Recuerdo la Navidad en que accidentalmente tiré a la basura la galleta de jengibre que mi hija había decorado con tanto esmero. Ella estaba tan molesta conmigo que no dejó de hablar de la galleta hasta mucho después de la celebración de Año Nuevo. Supongo que mi nominación para ser la "madre del año" también se fue a la basura.

Por supuesto, el premio a la "madre del año" no existe, pero hablamos del mismo como si fuera algo gracioso. Sin embargo, la realidad es que ninguna madre puede reflejar perfectamente a Dios en su maternidad. Lo que no parece tan gracioso es el sentimiento de culpa que experimentamos cuando nos detenemos a considerar seriamente nuestras insuficiencias.

Y LAS NOMINADAS NO SON...

¿Qué madre no se siente abrumada por sus sentimientos de insuficiencia y de culpa por sus errores? Una amiga me dijo que tiene como regla evitar reuniones de madres porque se siente abrumada con toda la "perfección" que ve. Creo que todas podemos identificarnos con ella. Creo que hasta la mujer más segura de sí misma se sentiría incómoda al imaginarse sentada en una habitación llena de mujeres que al hablar de sus vidas provocan inseguridad y culpa en las demás.

Todas nos sentimos insuficientes al compararnos con la santidad de Dios, incluso aquellas de nosotras que no solemos estar tan pendientes de nuestras insuficiencias. Y con razón. El Señor en Su gracia nos ha creado con una conciencia que da testimonio de esta misma idea: ninguna de nosotras es "buena" según los estándares de Dios.

Aunque no hayamos cometido ningún pecado escandaloso, no tenemos que indagar mucho en nuestro corazón para descubrir nuestra pecaminosidad. Usamos a nuestros hijos para inflar nuestros egos y para que nos hagan quedar bien. Criticamos a otras madres para aliviar nuestros sentimientos de inseguridad. No logramos amar a nuestros hijos con un amor desinteresado y sacrificado. Descuidamos a nuestros hijos en nombre del ministerio. Rompemos nuestra comunión con otras hermanas cristianas por tonterías relacionadas a las preferencias parentales. Damos malos ejemplos y les enseñamos a nuestros hijos a valorar la opinión del mundo por encima de la de Dios. Y estas son solo algunas de las formas en que no vivimos con rectitud.

También están los otros estándares imposibles que *nosotras* nos inventamos y con los que queremos cumplir. Sentimos vergüenza por los proyectos que empezamos y no terminamos. Nos sentimos culpables de que nuestros hijos no estén "saliendo" como habíamos planeado. Caemos en la trampa del "temor a los demás" y vivimos para obtener la aprobación de otras madres. Nos enojamos por nuestros sueños frustrados de maternidad perfecta. Somos nuestras propias críticas y las más severas, castigándonos por crímenes hechos en contra de nuestros frágiles egos. Al leer esta lista, me doy cuenta de que no fue difícil hacerla; estoy bastante familiarizada con estos asuntos. Cuando miro hacia atrás a mi historial de maternidad, veo más faltas y fracasos que hechos fantásticos de fe.

¿Qué esperanza tiene una madre imperfecta?

Contra el telón de fondo de este panorama tan sombrío, el evangelio brilla aún más y nos da una esperanza más duradera que las promesas vacías de la autorrealización y el aliento efímero que experimentamos cuando "vemos el vaso medio lleno". El evangelio cambia la forma en que vemos nuestros fracasos, y vemos cómo Dios redime nuestros defectos para Su propia gloria. Dios ha librado a la madre cristiana del dominio de las tinieblas y la ha transferido al reino de Su amado Hijo, en quien tiene redención y el perdón de sus pecados (Col 1:13). El evangelio nos dice que tenemos gracia disponible para el día de hoy y una gloriosa esperanza para el mañana.

El evangelio de la gracia dice que Dios te acepta en Cristo, y luego te da la posición justa de Su Hijo como un regalo, y esto por la fe. No nos hacemos santas primero para que luego Dios nos acepte. Nuestra posición en Cristo implica toda una serie de alegrías que transforman nuestra maternidad. Entre esas alegrías está experimentar el poder indomable del Espíritu Santo que mora en nosotras para resistir la tentación y huir del pecado. Pero antes de llegar a esa parte, celebremos lo firme que es nuestro fundamento de justificación por la fe.

LA CRUZ AIREÓ TODA TU ROPA SUCIA

Nos levantamos para defendernos por tonterías. Nos justificamos por cosas tales como la cantidad de dinero que gastamos en algo, por qué un hijo respondió de cierta manera, o por qué hay un desastre en la encimera de la cocina. También justificamos cosas que son mucho más trascendentales, como nuestro pecado. Nos ponemos la máscara de teatro de la justicia propia para cubrir la horrenda maldad que hay en nuestro corazón. Limpiamos nuestra conciencia culpable con los trapos sucios de nuestras buenas obras.

> Todos somos como gente impura;
> todos nuestros actos de justicia

son como trapos de inmundicia.
Todos nos marchitamos como hojas:
nuestras iniquidades nos arrastran como el viento. (Is 64:6)

La Biblia dice que no tiene sentido fingir que no tenemos pecado, porque la cruz ya le anunció al mundo lo culpables que somos. Necesitamos un Salvador, no un gurú de autoayuda. Nuestra "ropa más sucia" ya ha sido aireada. Nuestro pecado ha ofendido a un Dios infinitamente santo, así que para rescatarnos del castigo eterno que merecemos, era necesaria la muerte del Hijo perfecto de Dios. Por eso Jesús murió en la cruz en nuestro lugar. La gracia que se nos da a través de la cruz nos libera de la pesada carga de fingir ante los demás y (lo que es más importante) delante de Dios.

Por medio del evangelio, Dios hace algo mejor por nosotras que meramente negar nuestra culpa. Dios nos quita nuestros trapos de inmundicia y nos arropa en la justicia de Cristo.

Me deleito mucho en el Señor;
me regocijo en mi Dios.
Porque Él me vistió con ropas de salvación
y me cubrió con el manto de la justicia.
Soy semejante a un novio que luce su diadema,
o una novia adornada con sus joyas. (Is 61:10)

Hermana, ¡eso significa que puedes descansar! Puedes olvidarte de tener que trabajar para ganarte la aprobación de Dios y descansar en Cristo. Tu justicia ante Dios es algo que Cristo logró y que no va a cambiar. No hay nada que alguien pueda hacer para alterar lo que Jesús ya hizo. Esta gracia nos libera de la esclavitud del pecado y de la pesada carga del fingimiento, y nos impulsa a compartir con los demás cómo ellos pueden ser liberados, al igual que nosotras.

Entonces, ¿por qué nos escondemos de Dios? ¿Por qué adormecemos nuestra alma con nuestras anestesias preferidas, ignorando así la convicción que el Espíritu Santo nos da? ¿Por qué sufrimos tanto fingiendo ante amigas que fueron salvas por la misma gracia que les dio tu mismo Salvador, o ante amigas que no saben que la gracia puede liberarlas también? No tenemos razón alguna para no confesar nuestros pecados al Señor o a hermanas en Cristo que sean dignas de confianza. Tenemos razones infinitas para gloriarnos en la cruz y confiarle nuestro departamento de relaciones públicas a Jesús. Milton Vincent dice lo siguiente acerca de la gracia de la cruz: "Cuando lo peor de mí está así de expuesto ante los ojos de los demás, me doy cuenta de que realmente no tengo nada que esconder".[15] John Bunyan describe nuestra justificación como un gran misterio: "Y, de hecho, este es uno de los mayores misterios del mundo; es decir, que una justicia que reside en el cielo me justifique a mí, un pecador en la tierra".[16] Sin lugar a dudas, ¡esto es un misterio exuberante!

Si estás en Cristo, entonces no hay pecado que puedas cometer que no haya sido pagado en la cruz. Sufrimos las consecuencias de nuestros pecados —relaciones rotas, lesiones físicas, reputaciones arruinadas y cosas por el estilo. Pero aun así, tu justificación en Cristo está intacta. Dios no cambiará de parecer. Él sabía lo peor de ti y Él conocía tus tendencias egoístas cuando te declaró justa por amor a Jesús.

El veredicto ha sido resuelto, hermana: Jesús lo pagó todo. Somos justas en Cristo, perdonadas por nuestros pecados y libres para amar al Señor y al prójimo como Jesús nos ha amado (Jn 13:34), a medida que el amor de Cristo nos apremia a actuar así (2Co 5:14 NBLH). Podemos deshacernos del pecado que tan fácilmente nos enreda, y podemos correr con paciencia esta aventura que es la maternidad, la cual Dios nos ha dado. No vivimos más para nosotras mismas, sino que vivimos para Aquel que murió por nosotras y fue resucitado (2Co 5:15). Esto es mucho más que buenas noticias para nosotras; es una buena noticia para nuestros hijos y para las otras madres con quienes compartimos. En lugar de preocuparnos por construir nuestro propio reino, podemos ocuparnos en el ministerio de la reconciliación que Dios nos ha encomendado. "Así que somos embajadores de Cristo, como si Dios los exhortara a ustedes por medio de nosotros: 'En nombre de Cristo les rogamos que se reconcilien con Dios'. Al que no cometió pecado alguno, por nosotros Dios lo trató como pecador, para que en Él recibiéramos la justicia de Dios" (2Co 5:20-21). Cuando descubres que eres una receptora indigna de la gracia prodigiosa de Dios, no puedes evitar compartirla con los demás.

INCLUSO LAS SUPER MAMÁS NECESITAN DE LA GRACIA DE DIOS

Es fácil encontrar consejos sobre cosas tales como elegir un asiento de auto para bebés que sea seguro, o cómo enseñarle a un niño quisquilloso a comer saludablemente. Las instrucciones sobre cómo amar a tu prójimo y cuidar a tus hijos también están disponibles. Lo más difícil de encontrar es el ánimo que necesitamos para considerar cómo el evangelio transforma nuestra maternidad.

Mi orgullo hace que me muera por ser una súper mamá y por que otras mamás piensen que soy una súper mamá. A veces prefiero gloriarme en cosas que no sean la gracia de Dios. El orgullo aparece de muchas formas. Cuando somos tentadas a deleitarnos con la aceptación de los demás, necesitamos acercarnos al trono de la gracia de Dios. Podemos estar confiadas de que Dios oirá nuestras oraciones, nos ayudará y reforzará nuestra esperanza en Él por lo que Cristo ya hizo por nosotras en la cruz. El orgullo nos lleva a preocuparnos por el mañana como si pudiésemos controlar el resultado con nuestra ansiedad. En esos momentos de desesperación, necesitamos recordar que la gracia de Dios seguirá siendo suficiente en el día de mañana. Eso significa que tenemos toda la gracia que necesitamos para el día de hoy. Y cuando el mañana se convierta en hoy, Dios nos dará la gracia que necesitemos en ese momento. La gracia futura de Dios en Cristo es más real que todas las angustiantes situaciones hipotéticas que amenazan con mantenernos despiertas esta noche.

El orgullo también surge en nuestras interacciones con nuestros hijos. Por ejemplo, en momentos de suma frustración, degradamos a nuestros hijos simplemente porque hacen cosas de niños, insinuando que en ese momento no hay gracia disponible para ellos. En lugar de maravillarnos junto con ellos por la gracia que todos necesitamos, cargamos sus jóvenes conciencias con culpa. Nuestro corazón orgulloso se niega a rendirse ante la gracia de Dios, dada para nosotras *y* para nuestros hijos.

Sé que mi orgullo vive en una casa de espejos. Cuando veo destellos de mi pecado, me justifico diciendo: "*¡Yo sabía lo que tenía que hacer! Esa no era yo. Mi verdadero yo solo necesitaba que le recordaran que debo ser el mejor yo, el que sé que soy*". ¿Luchas con esto también? Más que nunca, cuando nos escuchemos justificando nuestro pecado con orgullo, debemos resistirnos a esa mentira que nos dice que nuestra necesidad más profunda es una mejor memoria. ¡Necesitamos un Salvador! El evangelio habla de Jesús, que es el único que verdaderamente amó a Su prójimo. La sangre preciosa de Cristo es el medio por el cual nuestro pecado es expiado —no por medio de la negación ni por un delirio de justicia propia.

Como mujeres que han de gloriarse en sus debilidades, servir con las fuerzas que Cristo da, y gozarse en la sangre de Cristo que cubre todos nuestros pecados, tenemos que hacernos algunas preguntas:

» ¿Por qué insistimos en que Cristo nos devuelva parte de la vergüenza que Él sufrió en nuestro lugar?
» ¿Por qué queremos recuperar la carga de nuestra culpa, la que Jesús ya cargó en la cruz, solo para ir tras una sombra de dignidad obtenida con justicia propia?

» ¿Realmente creemos que nuestro pecado está más allá del alcance de la gracia transformadora de Dios?
» ¿Realmente nos atrevemos a sugerir que la obra de Cristo en la cruz no es suficiente para cubrir nuestras flaquezas, locuras y fracasos como madres?
» ¿Realmente nos atrevemos a devolverle a Dios su sentencia declarativa —"¡Esta pecadora ha sido *justificada*!"— para poder quedarnos un rato más en el "purgatorio para madres"?

Ciertamente la gracia de Dios es infinitamente más hermosa y absolutamente más irresistible que cualquier vanagloria que podamos entretener. "La gracia brotó espontáneamente del seno del amor eterno, y no descansó hasta eliminar todos los impedimentos y encontrar su camino al lado del pecador, rodeándolo por completo. La gracia elimina la distancia entre Dios y el pecador, la que el pecado había creado. La gracia encuentra al pecador allí donde él esté; la gracia se le acerca tal y como él es".[17]

LEVÁNTATE, ALMA MÍA; LEVÁNTATE

Nuestra seguridad no se basa en saber hacer lo correcto ni en pensar que lo haríamos mejor si se nos da otra oportunidad. Ninguna cantidad de autodesprecio ni de buenas intenciones puede expiar el pecado ante un Dios santo. No; nuestra seguridad viene del hecho de que una persona ha asumido voluntariamente toda la responsabilidad legal por nuestra inmensa deuda de pecado con Dios. Jesús es nuestro "garante" (Heb 7:22). Y ahora nuestra garantía está ante el trono de Dios: Su sacrificio de sangre por los pecados le suplica a Dios por Su gracia (Heb 12:24).

En su libro *Solo en Cristo*, Sinclair Ferguson dijo: "Cuando sé que Cristo es el único sacrificio real por mis pecados, que Su obra en mi favor ha sido aceptada por Dios, que Él es mi Intercesor celestial, entonces Su sangre es el antídoto para el veneno en las voces que hacen eco en mi conciencia, condenándome por mis numerosos fracasos. ¡En efecto, la sangre de Cristo derramada las ahoga en el silencio!".[18]

La culpa es la peor de las motivaciones, y la culpa nunca ha fortalecido nuestros corazones. Solo en Cristo podemos estar seguras de un perdón completo hoy, y seguras de que habrá más gracia para el día de mañana. Cuando nos lamentamos con indignación y justicia propia, diciendo: "Sabía que no debía hacerlo; ¿cómo pude haber sido tan tonta?", lo único que estamos haciendo es agravando nuestra culpa. Pero otra cosa es recordar la noticia liberadora del evangelio que dice que Jesús nos amó perfectamente en la cruz y redime nuestros fracasos. Esta es una muy buena noticia. Ahora, llenas de fe y de gozo, podemos regocijarnos en Dios y decir: "¿Cómo pude haber sido tan necia? ¡Mira la gracia que Él me ha mostrado en su Hijo!". ¿Eres consciente de tu necesidad de Jesús? ¡Corre hacia Él! No pierdas tiempo. La sangre de Jesús nos libera de nuestra inmensa deuda por nuestros pecados, y nos libera de las cadenas de nuestro delirio de justicia propia. Somos libres para caminar en el amor de Dios y amar a nuestros prójimos con la fuerza que Él da. Podemos cantar con Charles Wesley: "Levántate, alma mía; levántate. Sacude tus miedos culpables y levántate!". Cuando nos levantamos, nos levantamos con temor y temblor, meditando en que Dios —el Dios que puso las estrellas en su lugar— es poderoso para obrar en nosotras y se complace en hacerlo.

Cuando nos levantamos, vamos hacia Dios, quien ejecutó Su juicio sobre Su Hijo por nosotras y nos lleva a Su luz (Miq 7:8-9). Nos acercamos a Su trono con confianza para recibir la gracia que se nos ha garantizado en Cristo. Entonces, por la gracia de Dios, podremos darle de esa gracia a nuestros hijos.

NO TE RINDAS

Dios ha decretado que los que están en Cristo permanecerán en una justicia que no es suya. "Por lo tanto, ya no hay ninguna condenación para los que están unidos a Cristo Jesús" (Ro 8:1). Dios nuestro Padre, que nos disciplina porque nos ama (Pro 3:11-12), es el mismo Dios que estará con nosotras hasta el fin (Ro 8:38-39). El Señor es el único que puede hacernos madres cuyos corazones sean completamente Suyos. Tenemos confianza en Cristo ante todo lo que amenaza con separarnos de Su amor, porque tal cosa es imposible. "Enemiga mía, no te alegres de mi mal. Caí, pero he de levantarme; vivo en tinieblas, pero el Señor es mi luz" (Miq 7:8). Magnificamos la gracia de Dios cuando servimos a nuestra familia con todas nuestras fuerzas, aun cuando adolezcamos de debilidades, fragilidad, timidez y falta de fe.

El Señor, que disciplina a los que Él ama, será tu poderoso abogado, y triunfará por ti en el tribunal. Él defenderá tu caso. Él será tu luz. La nube pasará. Disfrutarás de una justicia que no es tuya, y harás la obra que Él te ha encomendado. Oh, que podamos aprender de la valentía y la firmeza de los santos pecadores del pasado, quienes no se paralizaban por sus imperfecciones. Dios quiere que todos seamos parte de Su gran obra. Cuida e instruye a tus hijos con todas tus fuerzas — sí, aun con todos tus defectos y todos tus pecados. En la obediencia de esta fe, magnifica la gloria de Su gracia y no te canses de hacer el bien.

Tal vez tú y yo nunca seamos nominadas para el premio ficticio a la "madre del año". Pero, en realidad, no necesitamos un trofeo para conmemorar nuestro servicio en la maternidad. Para gloriarnos en el poder de Cristo, ni siquiera necesitamos que nuestros hijos se levanten y nos feliciten (aunque no estaría mal que lo hicieran). La jactancia que buscamos en nuestra maternidad es de un tipo más radical. Queremos gloriarnos *muy gustosamente* en nuestras debilidades y en nuestra necesidad de la gracia de Dios, para que el poder de Cristo permanezca sobre nosotras (2Co 12:9).

Considera la expiación de Cristo, el don de la justificación y la justicia imputada, y la intercesión sacerdotal de Jesús a tu favor. Resiste el impulso de cansarte y darte por vencida (Gá 6:9). Glorifica a

Dios disfrutando de Él. Él es un premio más real, más dulce e infinitamente mejor que las adulaciones de nuestros hijos, de otras mujeres, y de nosotras mismas.

10

LAS MADRES SON DÉBILES, PERO ÉL ES FUERTE

Una mañana, antes de que mis tres hijos le dieran la bienvenida al sol con sus exuberantes declaraciones de amor por las primeras horas del día, escribía algunas notas para el manuscrito de este libro. Fatigada, pero deseosa de estudiar más acerca de la misericordia de Dios para con nosotras como madres, estaba envuelta en una manta en el sofá con mi computadora portátil y un poco de café. De repente, me di cuenta de que el café me sabía a aceite de motor con espuma sucia de jabón.

"¿Estoy soñando? ¿Es esto posible?". Mi corazón se aceleró. Me preguntaba si mis papilas gustativas podrían estar engañándome. Con la mano ya sudada, levanté mi taza para tomar otro sorbo. Sí, sabía a aceite de motor con espuma sucia de jabón, colados juntamente y disfrazándose como algo delicioso y reconfortante. Así que tiré el repugnante líquido por el desagüe y me lavé la boca con un poco de agua.

Escuché a mis hijas hablando de lo que su hermano menor debía ponerse ese día, así que entré a la habitación y fui a su auxilio. Después del desayuno, mi esposo nos dio un beso de despedida a cada uno y bajó las escaleras para tomar un taxi e ir a trabajar.

"¡Todos! ¡Zapatos puestos!", les anuncié, y nos olvidamos de nuestra rutina matutina habitual de salir a pasear. Caminamos por el pasillo, bajamos por el ascensor hasta el primer piso, y cruzamos al otro lado de la calle hasta llegar a la farmacia. Tenía que averiguar si mis sospechas eran ciertas.

Y lo eran. Era verdad. ¡El bebé número cuatro estaba de camino!

Con este descubrimiento vinieron sentimientos abrumadores de alegría mezclados con temor. ¡Otro niño! Me sentía tan indigna de un regalo de Dios tan grande. Sin embargo, al mismo tiempo mi corazón se estremeció por la impresionante realidad de la responsabilidad y el trabajo que vendrían con otro bebé. Justo esa semana mi esposo me había pedido que orara especialmente para que el Señor le diera gozo y aliviara su dolor, ya que su dolor crónico en los brazos estaba peor que nunca. Mi mente empezó a darle vueltas a las mismas dudas del pasado: *¿Y si la salud de David seguía empeorando? ¿Qué pasaría entonces? ¿Podía Dios sostener a nuestra familia a través de este dolor crónico y todo lo que esto conlleva, además de lo que implica un nuevo bebé?* La tentación de dudar de la perfecta voluntad de Dios era casi tangible. Pero también lo fue la certeza de que el Espíritu Santo habita en mi interior, y Él le dijo a mi corazón: "¡Alaba al Señor porque Él es bueno, y Su gran amor perdura para siempre!" (1Cr 16:34).

Recordé que la maternidad no es una bendición que recibí porque la merezco. No es una recompensa por mis buenas obras o (como algunos podrían sugerir) una sentencia por mis malas obras. Dios me hizo madre porque Él quiere que Su nombre sea alabado, y esta es la forma en que Él consideró conveniente hacerlo. Dios tiene como objetivo glorificarse a Sí mismo a través de nuestra familia, y nosotros tenemos el privilegio de ser sostenidos por Su gracia. Él ha creado a estos niños, en estas circunstancias, en medio de un tiempo como este. Dios es muy bueno. Su bondad no es una sombra inestable de una actitud cambiante, sino que es un atributo inalterable. Todo lo que Dios tiene para nosotros en Jesús es un don de Su misericordia. Y así, por la gracia de Dios, mientras temblaba y confiaba, ¡alabé al Señor por Su generosidad al darnos el regalo de una nueva vida!

Madre cristiana, todas nosotras necesitamos recordar de quién somos y quiénes dice Él que somos. Dios tiene planes de glorificarse a Sí mismo en tu vida que están mucho más allá de lo que eres capaz de imaginarte.

LA ILUSIÓN DE FORTALEZA

Si bien podemos reconocer que el trabajo de la maternidad es exigente y difícil, a veces vivimos como si no necesitáramos ayuda. Dicho como un testimonio de la fortaleza de una mujer, escuchamos decir que "la maternidad no es para las débiles de corazón".

Sin embargo, se podría argumentar que la maternidad es *solo* para las débiles de corazón. Cuando nació el primer niño, Eva dijo: "¡Con la ayuda del Señor, he tenido un hijo varón!" (Gn 4:1). En ocasiones, en mi trabajo como comadrona, las mujeres me admiten que no creen que puedan hacerlo —llegar hasta el final de su embarazo, dar a luz a su bebé o criar a su hijo. Cuando reconocemos nuestra incapacidad de criar a nuestros hijos sin la provisión y fortaleza del Señor, honramos a Dios. *Por supuesto,* no podemos hacer este trabajo de criar hijos y entrenarlos en la instrucción del Señor. ¡Por eso necesitamos desesperadamente al Señor! Debemos fortalecernos *con el gran poder del Señor* (Ef 6:10).

Este tipo de dependencia absoluta en Dios insulta nuestro orgullo. Somos tan rápidas en buscar otras soluciones para nuestra fatiga emocional, física y mental. Pensamos: "Puedo resolver esto por mi cuenta". En medio de nuestras pruebas, solemos asumir que todo está bien, y nos zambullimos de cabeza en la autosuficiencia. La fe, en cambio, reconoce la ferocidad de la tormenta y nos lanza al mar para que nademos tan rápido como podamos hasta que veamos a Jesús caminando sobre el agua (Jn 6:16-21).

Física, emocional, mental y espiritualmente, necesitamos la fortaleza del Señor para honrarlo en nuestra maternidad. A veces, el sonido lejano de unos pasitos significa que tu hijo está rayando la pared del pasillo con un marcador. El dulce llanto de un recién nacido puede dar lugar a actitudes desconsideradas y palabras despectivas. En toda ocasión, las madres deben confiar en la fortaleza de Dios. Si pensamos que podemos hacer "esto de la maternidad" por nuestras propias fuerzas, nos estamos engañando a nosotras mismas.

Hace unos cuantos veranos visité a un médico ortopédico por un dolor que sentía en la parte baja de la espalda. No podía inclinarme para cambiar un pañal sin que mi espalda se quedara inmóvil, y me seguía doliendo incluso después de un buen descanso por la noche. Después de un examen físico y de algunas radiografías, el médico diagnosticó mi problema. "¡Se te acabaron las fuerzas!", me dijo. "¿Cuándo fue la última vez que hiciste ejercicios para fortalecer tu espalda y abdominales?". El doctor me explicó que mis músculos de la espalda estaban luchando para compensar la debilidad de mis músculos abdominales. Me recetó algunos analgésicos para cuando realmente me doliera la espalda, y me dio un valioso consejo: "Si no haces abdominales pronto, entonces le harás un daño más grave a tu espalda". Su franqueza me asustó, pero tenía razón. Me alegra que me haya dicho la verdad acerca de mi dolor y me animó a hacer lo posible por fortalecer mi cuerpo. Mi fortaleza física había sido una ilusión, y entender esto me ayudó a ser más disciplinada.

CÓMO SER MAMÁ CUANDO SE TE ACABAN LAS FUERZAS

Una de mis amigas cercanas tiene una hija casada, un hijo graduado de la universidad y otro graduado de la escuela secundaria, y a ella le gusta recordarme lo siguiente: "Gastarás toda tu fortaleza física cuando tus hijos estén jóvenes, y cuando ya sean mayores, te empezará a faltar la fortaleza emocional". Aunque nuestros hijos crezcan, nosotras nunca dejaremos de necesitar constantemente la gracia que Dios nos da a través del evangelio. Para poder crecer en la fe tenemos que disciplinarnos para depender de Su fortaleza de una manera consciente.

Cuando pienso en mi maternidad, suelo hacer una lista mental de todas las maneras en que me gustaría poder hacer más por mis hijos. Quiero orar más consistentemente por ellos, ser más intencional al instruirlos en los caminos del Señor, besarlos y abrazarlos más, y acordarme de darles sus multivitaminas cada día. Es bueno tener objetivos como estos, pero cuando tengo los ojos puestos en mi fuerza limitada, mi trabajo es una carga y no un gozo potenciado por la gracia de Dios.

La versión de la Biblia en inglés conocida como la *English Standard Version* contiene un subtítulo para el Salmo 71, y su traducción es: "No me dejes cuando se me acaben las fuerzas". Esto resume perfectamente este salmo que alaba al Señor como Aquel que nos salva por Su justicia y que es para nosotras una roca de refugio. Si sientes que ya no aguantas más, o piensas que "tienes todo bajo control", el evangelio triunfa sobre todo eso. Solamente la gracia de Dios en el evangelio puede fortalecer nuestra fe para permitir que Jesús lleve nuestras cargas durante nuestra maternidad.

HABLA CONTIGO MISMA

Una de las formas en que puedes fortalecer tu fe es renovando tu mente de manera continua al meditar en las verdades del evangelio. Habla contigo misma acerca de lo que dice la Palabra de Dios. Recuérdate constantemente a ti misma y recuérdale a tus hijos quién es Dios, qué ha hecho para salvar a pecadores a través de la muerte de Jesús en la cruz, y cómo nos ha demostrado Su compromiso de guardarnos hasta el fin a través de la garantía del Espíritu que habita en nosotros.

¿Sientes que tienes todo bajo control hoy? Humíllate al recordar quién te creó y sostiene tu vida. "Tú creaste mis entrañas; me formaste en el vientre de mi madre" (Sal 139:13).

¿Te sientes abrumada por tu debilidad? Gloríate en el poder que Dios tiene para usarte a pesar de tu debilidad. "Pero Él me dijo: 'Te basta con Mi gracia, pues Mi poder se perfecciona en la debilidad'. Por lo tanto, gustosamente haré más bien alarde de mis debilidades, para que permanezca sobre mí el poder de Cristo" (2Co 12:9). Recuerda que Cristo es *tu justicia*.

> Cuando el vengador de la sangre te persiga, huye inmediatamente a este santuario. Piensa: Lejos esté de mí negarme consuelo a mí mismo, y a la vez negarle a Dios la gloria. 'Donde abundó el pecado, sobreabundó la gracia' (Ro 5:20). Aunque los pecados después de nuestra conversión manchan nuestra profesión de fe más que los pecados previos a nuestra conversión, sigamos acudiendo a la gloriosa misericordia de Dios. Pueden ser setenta veces setenta, y seguirá habiendo misericordia. 'Les rogamos que se reconcilien con Dios', le dijo San Pablo a los corintios, estando ellos bajo la gracia y, por tanto, siendo ya perdonados. Nunca dejemos de acudir a Cristo.[19]

El evangelio es relevante para ti hoy, no importa cuán fuerte te sientas en estos momentos. Al escuchar esta noticia, deberíamos desbordar en alabanzas para que los demás puedan ver lo que Dios el Señor es para nosotras.

> Todo el día proclamará mi boca
> Tu justicia y Tu salvación,
> aunque es algo que no alcanzo a descifrar.
> Soberano Señor, relataré Tus obras poderosas,
> y haré memoria de Tu justicia,
> de Tu justicia solamente.
> Tú, oh Dios, me enseñaste desde mi juventud,

> y aún hoy anuncio todos Tus prodigios.
> Aun cuando sea yo anciano y peine canas,
> no me abandones, oh Dios,
> hasta que anuncie Tu poder
> a la generación venidera,
> y dé a conocer Tus proezas
> a los que aún no han nacido.
>
> Oh Dios, Tú has hecho grandes cosas;
> Tu justicia llega a las alturas.
> ¿Quién como Tú, oh Dios? (Sal 71:15-19)

SERVIR CON LAS FUERZAS QUE DIOS DA

El Señor nos dice a través de Pedro que no debemos servir con nuestras propias fuerzas. Dios nos dice esto porque ni siquiera tenemos fuerzas con las cuales podamos servirle.

> Cada uno ponga al servicio de los demás el don que haya recibido, administrando fielmente la gracia de Dios en sus diversas formas. El que habla, hágalo como quien expresa las palabras mismas de Dios; el que presta algún servicio, hágalo como quien tiene el poder de Dios. Así Dios será en todo alabado por medio de Jesucristo, a quien sea la gloria y el poder por los siglos de los siglos. Amén. (1P 4:10-11)

Jesús murió en la cruz para que obtuviéramos gratuitamente la gracia inmerecida de Dios. Y cuando nos apropiamos de esa gracia en nuestras vidas y servimos a los demás, estamos sirviendo con las fuerzas que Dios da. Esta es la manera en que debemos servir para que Dios reciba la gloria —por medio de Su fortaleza, la cual recibimos por la gracia que Él nos ha mostrado en Jesús.

La gracia de Dios es suficiente para cumplir todo lo que Él nos ha llamado a hacer. "Y Dios puede hacer que toda gracia abunde para ustedes, de manera que siempre, en toda circunstancia, tengan todo lo necesario, y toda buena obra abunde en ustedes" (2Co 9:8). Dios hace que toda gracia abunde a través de Su Hijo, Jesús. Y es a través de la fortaleza del Espíritu Santo que mora en nosotros que somos capaces de abundar en (y no solo cumplir con) toda buena obra que Él pone delante de nosotras. Y mientras trabajamos, lo hacemos con nuestra mirada puesta en la eternidad, sabiendo que nuestro trabajo en el Señor no es en vano. "Por lo tanto, mis queridos hermanos, manténganse firmes e inconmovibles, progresando siempre en la obra del Señor, conscientes de que su trabajo en el Señor no es en vano" (1Co 15:58).

Cuando estemos confiando en el Señor, aunque estemos temblando, Dios nos considera dignas del llamamiento que Él nos ha hecho; y por *Su* poder Él perfecciona toda disposición al bien y toda obra que hacemos por fe (2Ts 1:11). Por Su gracia, Dios glorifica el nombre de nuestro Señor Jesús a través de las madres que sirven con las fuerzas que Él da.

11

LA METANARRATIVA DE LA MATERNIDAD

Las madres son honradas en muchas culturas alrededor del mundo. Una vez fuimos a comer a un restaurante en Syracuse, Nueva York, famoso por su carne a la barbacoa. En la mesa de al lado se encontraba un motociclista con un tatuaje muy elaborado en su brazo que decía "*I Love Mom*". Durante el tiempo que pasé en Mombasa, Kenia, vi como la gente se hacía a un lado para que las madres se pudieran sentar en el *mutatus* (una especie de autobús/taxi) aunque estuviera lleno. Hace unos años, cuando mi madre y mi suegra vinieron a visitarnos al Oriente Medio, los demás miembros de nuestra iglesia las recibieron con palabras de aliento y cumplidos. En una ciudad tan internacional como esta, no puedo contar todas las veces que he salido y recibido un trato especial simplemente porque soy madre. Cuando estoy embarazada, a mi esposo le encanta cuando los camareros nos regalan un postre "para el bebé". Cuando escuchamos una historia acerca de cómo una madre fue maltratada o tratada con falta de respeto, nos llenamos de indignación o vergüenza. Al observar a personas de diferentes culturas, he notado cómo no honrar a tu madre hará que te llamen "ingrato".

LA MATERNIDAD ES UN REGALO PRECIOSO

Sin embargo, aun cuando se supone que la maternidad es muy valorada, hay ocasiones en que escuchamos comentarios acerca de la misma que tienden a sonar poco sinceras y triviales. Recuerdo haber experimentado esto durante un vuelo, específicamente cuando intentaba cambiar un pañal explosivo en mi regazo, y un señor mayor que estaba a mi lado comentó: "¿No es maravilloso ser madre?". No estaba segura si lo había dicho genuinamente, si quería ser gracioso, o si estaba siendo odiosamente sarcástico.

Si la maternidad es un don, entonces ¿por qué la verdadera bienaventuranza de la maternidad provoca en nosotros tal escepticismo?

Creo que una de las razones por las que lucho con esto es mi pecado. Necesito ser transformada a través de la renovación de mi mente mundana para poder discernir la buena y perfecta voluntad de Dios (Ro 12:2). Si Dios no me estuviera santificando, me quedaría estancada en mi pensamiento pecaminoso, idolatrando *y* despreciando la maternidad. Con mucha facilidad, puedo hacer que la maternidad se trate completamente acerca de mí, o incluso minimizarla hasta el punto de dar lástima.

Según la Biblia, la maternidad no menosprecia la identidad de una mujer, ni la define. En última instancia, la identidad de una mujer está basada en una Persona. Del mismo modo, la maternidad está basada en una Persona. La meta suprema de la feminidad no es la maternidad; la meta suprema de la feminidad es ser conformadas a la imagen de Cristo. El objetivo multifacético de la maternidad nos apunta en la misma dirección. Uno de los dones de la maternidad es que Dios la usa para trazar la imagen de Su Hijo en nuestras vidas.

Cuando hacemos que la maternidad (o cualquier otra cosa) esté centrada en nosotras, tarde o temprano nos aburrimos. Y por supuesto que nos vamos a aburrir con la maternidad si nos obsesionamos con ella, porque no fue diseñada para satisfacernos plenamente.

Cuando nos aburrimos, nos volvemos cínicas: "La maternidad —¿un regalo? *Sí, claro*". Algunas mujeres se lamentan diciendo que si Dios les da hijos, sería lo peor. Otras mujeres se lamentan diciendo que si Dios nunca les da hijos, sería lo peor. ¿Deberíamos estar buscando un punto medio? ¿Deberían las mujeres cristianas tomarse una dosis de cinismo y tragársela con un vaso medio lleno de gratitud, tal como nos sugeriría el mundo? Creo que la Biblia nos da la respuesta a esa pregunta.

EN ADÁN TODOS MUEREN

La Biblia nos enseña a ver la maternidad de una forma que no tiene nada que ver con nuestros ideales mundanos.

Tal vez, al igual que yo, necesitas un recordatorio de la Palabra de Dios cada cierto tiempo con respecto a la maternidad. Cuando luchamos contra nuestros sentimientos de apatía o idolatría con relación a la misma, es crucial que recordemos lo que la Biblia nos dice.

En Génesis 1:28, Dios bendijo al hombre y a la mujer que Él había creado. Les dijo (entre otras cosas): "Sean fructíferos y multiplíquense; llenen la tierra y sométanla". Someter, gobernar, multiplicarse —no podían hacer ninguna de estas cosas por sí mismos. Estas son cosas que nunca podrían hacer sin la ayuda de Dios. Dios los hizo varón y hembra, ambos a Su semejanza, y luego los unió. Los diseñó para que fueran totalmente dependientes de Él para todo.

Pero Adán y Eva decidieron que no necesitaban depender de Dios para todo. Pensaron: "*¿Quién necesita la sabiduría de Dios cuando tienes todo lo que necesitas?*". Al estar tan enfocados en sí mismos y habiéndose comido la mentira que la serpiente les susurró, el hombre y la mujer desobedecieron a Dios y comieron del fruto prohibido. Quisieron burlarse de la muerte, que es el justo castigo de Dios por el pecado. No hay palabras capaces de expresar la profunda gravedad de este hecho.

Ya comentamos esta historia en este libro, pero vale la pena repetir sus implicaciones. Es fácil ver este incidente en el jardín como algo muy lejano. Nacimos en un mundo donde escuchamos la absurda idea de que "la muerte es un hecho de la vida". ¿Qué relevancia tiene este incidente en el jardín del Edén para nuestras vidas? La respuesta, en resumen, es que el pecado y la muerte de Adán están conectadas con nuestro pecado y nuestra muerte. "Pues así como en Adán todos mueren..." (1Co 15:22). Un momento —¿y ahora qué? Más específicamente, ¿y *ahora qué será de la maternidad*? ¿No se extinguiría justamente la raza humana a causa de la traición cósmica del hombre y la mujer contra el Dios Todopoderoso?

VIDA A PESAR DE LA MUERTE

Dentro de la maldición que Dios pronunció contra la serpiente, podemos escuchar los latidos de Su misericordia. Él mira a Adán y a Eva, quienes se han convertido en Sus enemigos, y tiene compasión de ellos. En la maldición, Dios describe la guerra épica que habría entre Satanás y la descendencia de la mujer:

> Pondré enemistad entre tú y la mujer,
> y entre tu simiente y la de ella;
> su simiente te aplastará la cabeza,
> pero tú le morderás el talón (Gn 3:15).

La mujer tendría descendencia.

La maldición pronunciada sobre la serpiente está cargada de la misericordia de Dios hacia Sus hijos. Esa simiente o descendencia particular que Dios había prometido era Cristo Jesús, nuestra bendita esperanza. Algún día nacería un Mesías que cambiaría el curso del universo por siempre. Satanás lo heriría, pero en la lógica inversa de la fortaleza obtenida en el sufrimiento, el Mesías tendría la victoria final en esta guerra. Richard Sibbes dijo lo siguiente acerca de este vistazo hacia el evangelio:

> Ya conoces la promesa de donde salen todas los demás: 'la simiente de la mujer' (Gn 3:15). Esa promesa anuló la maldición y le transmitió a Adán la misericordia de Dios en Cristo. Así que todas las dulces promesas de Dios parten de ese hecho. Todas tienen a Cristo como centro; todas son hechas en Él y para Él. Él es la suma de todas las promesas. Todas las cosas buenas que tenemos son regalos de Cristo.[20]

Dios prometió vida, y Adán le creyó. "El hombre llamó Eva a su mujer, porque ella sería la madre de todo ser viviente" (Gn 3:20). Quiero esperar en Dios como lo hizo Adán en ese momento.

El hecho de la vida es una demostración global, histórica y escatológica de la rica misericordia de Dios. Esto era verdad en el jardín, y es verdad para nosotras hoy. Respiramos por la gracia y la misericordia del Señor, que no tarda en cumplir Su promesa, sino que es paciente con los pecadores, para que podamos arrepentirnos y amarlo por siempre (2P 3:9).

MATERNIDAD POR LA FE

Al igual que Adán y Eva, todas merecemos la muerte por nuestro pecado contra Dios. Y al igual que Adán y Eva, nuestra única esperanza está en el Mesías prometido, que hizo por nosotras lo que nunca podríamos haber hecho y nunca haríamos por nosotras mismas. Jesús se presentó a Sí mismo como un sacrificio por nuestros pecados, y Él le dio el golpe fatal a la muerte y a Satanás.

Por el poder de Su palabra, Jesús sostiene el universo, incluyendo a todo niño que ha sido concebido. Dios es el Creador de la maternidad: Él la ordenó y la sostiene para la alabanza de Su gloriosa gracia.

El único propósito de la vida es glorificar a Dios. Por encima y más allá del don de la vida física, que ninguna de nosotras merece, nuestro soberano Señor Jesús nos ofrece la esperanza de la vida eterna, que Dios, que nunca miente, prometió antes de que comenzaran los tiempos (Tit 1:2). Cuando confiamos en Cristo, Él nos hace parte de Sí mismo, y nos da esta vida eterna.

Nacer de nuevo no es cualquier cosa. "Pues así como en Adán todos mueren, también en Cristo todos volverán a vivir" (1Co 15:22). Por la fe miramos hacia atrás a la cruz, y vemos al Autor de la vida cargando nuestros pecados. Por fe esperamos el día en que ya estemos contemplando cara a cara a nuestro Señor por siempre. Cuando *las madres cuidan vidas por fe, están participando en el triunfo escatológico de la victoria de Cristo sobre el pecado y la muerte.*

En la eternidad siempre seremos plenamente conscientes de lo emocionante que es ser receptoras de la gracia de Dios, porque nos da a Dios mismo. El hecho mismo de la vida es evidencia de que el Autor de la vida es un Dios de misericordia, de gracia y de fidelidad. Así que cuando sientas que tu corazón se inunda de fascinación al mirar a tu bebé durmiendo, o cuando te llenes de asombro al ver toda la gente que hay en tu ciudad, o al maravillarte con fotos de los portadores de la imagen de Dios en todo el mundo, alaba a Dios con todo tu ser. No hay nada aburrido en el concepto de la maternidad.

Aún así, qué prontas somos a olvidar a Jesús cuando los días y las noches están llenos de esos regalos buenos de Dios. Con demasiada frecuencia nos circunscribimos felizmente en nuestro pequeño reino miope, donde derretimos todas esas cosas que nos apuntan hacia Jesús y las convertimos en nuestros ídolos.

Sin embargo, el carácter perfecto de Dios nos asegura que Él es más grande que nuestras debilidades: "Si somos infieles, Él sigue siendo fiel, ya que no puede negarse a Sí mismo" (2Ti 2:13). Cristo, nuestro ancla, nos rescata de ir tras nuestras vanidades y nos libera para que usemos nuestros dones para construir Su reino eterno. El fuego de nuestra esperanza en Cristo se aviva con la Palabra de Dios, pero no solo para que nos sintamos llenas. Cuando cuidamos vidas aferradas a la gracia de Dios, nuestra esperanza en Cristo se convierte en un testimonio para los que viven en nuestros hogares. Nuestra satisfacción en Cristo engendra aún más satisfacción en Cristo cuando ofrecemos nuestras vidas en servicio a los demás. Cuando nuestra esperanza está en Cristo, los que nos observan en nuestros hogares se quedan intrigados y quieren saber cuál es la razón de la esperanza que hay en nosotras (1P 3:15).

¿CUÁL ES LA META DE LA MATERNIDAD?

La maternidad es una evidencia más de la agenda triunfante de Dios de dar vida a pesar de la maldición de la muerte. Es un don que nos apunta hacia Jesús. A medida que la vida continúa para la alabanza de la gloria de Dios, vemos una fascinante muestra de la gracia de nuestro Padre, el cual cumplirá Su promesa de darle a Su Hijo una herencia de las naciones para la alabanza de Su gloria. No hay mayor meta que esa.

Hay ideas superfluas circulando por todo el mundo que tratan de explicar la meta de la maternidad. Muchas de estas ideas suenan espirituales, describiendo la maternidad como una expresión del "espíritu humano" o como una metáfora para "la Madre Tierra". Como cristianas, entendemos que cualquier explicación de la maternidad que intente conectar a una mujer con Dios sin tomar en cuenta la muerte sustitutiva y expiatoria de Jesús, no tiene sentido. La afirmación de Jesús de ser "el camino, la verdad, y la vida" (Jn 14:6) tiene implicaciones para la manera en que vemos nuestro rol como madres. Es a través de la lente de la profunda realidad del evangelio que vemos la maternidad como lo que es: una misericordia. Alabado sea Dios por la misericordia que tiene para con nosotras, aun cuando muchas veces convertimos este don en un vehículo para lograr nuestra realización personal.

Por su pecado en el jardín del Edén, Adán y Eva fueron justamente acusados y condenados a muerte, y toda su descendencia con ellos. Sin embargo, a pesar de la gravedad de su pecado, Dios no solo los dejó con vida, sino que permite y sostiene la vida hasta el día de hoy. La misericordia que se nos muestra en la cruz de Jesucristo es la máxima expresión de la gracia de Dios. Herman Bavinck escribió: "Por medio de ese sacrificio [Cristo], Dios puede rescatar al mundo y a la humanidad de las garras del pecado y expandir Su reino".

Aun cuando intentamos robarle la gloria a Dios e insistimos en que la maternidad existe para alimentar nuestros egos y para el bien de nuestra reputación, Dios nos da más misericordia. Aun cuando nos llenamos de ansiedad por los tiempos de Dios en cuanto a nuestra familia, Dios en Su gracia continúa llevando a cabo Sus propósitos eternos en cada miembro de nuestra familia. Cuando Dios nos libra de nuestras pasiones egoístas, podemos gozarnos en la reconciliación que recibimos por medio de Jesús, abrazar los propósitos de Dios para nuestra maternidad, y sonreírle al futuro mientras esperamos la gracia futura que es nuestra en Cristo Jesús. Dios diseñó la maternidad para resaltar Su gran misericordia y para apuntarnos hacia Aquel para quien fuimos hechas: el Cristo resucitado, el único que nos puede satisfacer eternamente (Jn 17:24). Las alegrías de la maternidad de hoy son verdaderas alegrías, pero son como reflejos sombríos en un espejo. Como madres, el propósito de cada día que vivimos, aun los caóticos y mundanos, será llevarnos a adorar y disfrutar de nuestro gran Dios. Los serafines en el cielo claman continuamente: "Santo, santo, santo es el Señor Todopoderoso; toda la tierra está llena de Su gloria" (Is 6:3). Hoy podemos regocijarnos en la maternidad, ya que su propósito es llevarnos a adorar a Dios en todo lo que hacemos, como un preámbulo a la adoración que disfrutaremos en el cielo por toda la eternidad.

Incluso mientras nos dedicamos al trabajo agotador de la maternidad, que a menudo nos parece tan inútil, podemos enfocarnos en lo que estaremos haciendo eternamente. En Apocalipsis 5, Juan ve una visión del Cristo resucitado, glorificado y reinante. En el versículo 13, Juan nos explica la reacción de todos al ver a Jesús: "Y oí a cuanta criatura hay en el cielo, y en la tierra, y debajo de la tierra y en el mar, a todos en la creación, que cantaban: '¡Al que está sentado en el trono y al Cordero, sean la alabanza y la honra, la gloria y el poder, por los siglos de los siglos!'". Estaremos alabando al Señor por toda la eternidad, pero podemos alabarlo ahora mismo por el hecho de conocer al Señor Jesucristo y entender que Él fue crucificado por nosotras.

La próxima vez que te sientas tentada a frustrarte, como cuando se llena el contenedor de la ropa sucia (otra vez), o descubres lo que queda de (otro) rollo de papel higiénico que tu hijo destripó, que tus gemidos se conviertan en aleluyas: "¡Alaben al Señor, naciones todas! ¡Pueblos todos, cántenle alabanzas! ¡Grande es Su amor por nosotros! ¡La fidelidad del Señor es eterna! ¡Aleluya! ¡Alabado sea el Señor!" (Sal 117:1-2). Recuerda las verdades de la Palabra de Dios y asómbrate cuando el Espíritu te recuerde lo que han visto los ojos de tu fe. "[La fe] es el panorama más sublime de todos. Y es tan rápida como esa águila en las nubes. Las atraviesa a toda velocidad y en un momento ve a Cristo en el cielo; mira hacia atrás y ve a Cristo en la cruz; mira hacia adelante y ve a Cristo venir en gloria. La fe es una gracia tan rápida que presenta lo pasado, lo presente y lo que está por venir —todo en un momento, así de rápido es este ojo de águila de la fe".[21]

Deja que la maternidad incline tu corazón hacia la adoración, y bendice al Señor que llena tus manos de bendiciones. "Te exaltaré, mi Dios y rey; por siempre bendeciré Tu nombre. Todos los días te bendeciré; por siempre alabaré Tu nombre. Grande es el Señor, y digno de toda alabanza; Su grandeza es insondable" (Sal 145:1-3).

El himno de toda madre está compuesto por alabanzas a nuestro gran Dios por Su misericordia, y es la canción que cantaremos por toda la eternidad.

CONCLUSIÓN

LA FUENTE DE PAZ PARA TODA MADRE

En casa solemos hablar frecuentemente acerca de lo que otras personas en diferentes partes del mundo están haciendo en ese mismo momento.

Nuestros niños hacen preguntas como: "¿Cuáles son las zonas horarias de la gente que está durmiendo ahora mismo?", "¿qué están haciendo ahora mismo los niños en la India?", "¿crees que ahora mismo nuestros amigos en Escocia están en la escuela?", "¿quién se está tomando el primer café del día ahora mismo?".

Quizás la pregunta más divertida hasta la fecha es: "[Suspiro] ¿Hay otras niñas de cinco años en el mundo que ahora mismo tengan que irse a su habitación?".

Hablar de cosas como las zonas horarias y la geografía es un buen ejercicio educativo para los niños. También sirve como un recordatorio oportuno para mí del gran amor del Señor y de que Su compasión jamás se agota. En todo el mundo, Dios está dando vida y sosteniéndola para la alabanza de Su gracia. Sus misericordias son nuevas cada mañana, y siempre es de mañana en alguna parte.

Cada día de nuestras vidas necesitamos recordar quién es Dios. John Owen nos recuerda cómo el proceso de santificación es precisamente eso: un proceso. "El crecimiento de árboles y plantas es tan lento que no se ve con facilidad. De un día para otro, los cambios son pocos. Pero, con el paso del tiempo, vemos que ha ocurrido un gran cambio. Así mismo es con la gracia. La santificación es una obra progresiva, y se lleva a cabo a lo largo de toda nuestra vida (Pro 4:18). Es una obra asombrosa de la gracia de Dios, y es una obra por la que se debe orar (Ro 8:27)".[22]

Nuestro corazón necesita atesorar a Jesús, a quien Dios designó como Heredero de todas las cosas, Creador de todas las cosas y Sustentador del universo con Su poderosa Palabra (Heb 1:1-3). La pequeña partícula de roca en la que estamos girando en medio de este cosmos inmenso está siendo sostenida por Cristo. Necesitamos humillarnos y recordar que aun en toda su complejidad e inteligencia, el universo es incapaz de transmitir la gloria majestuosa de Jesús. Nadie puede comprender el alcance de Su grandeza. "¡Qué profundas son las riquezas de la sabiduría y del conocimiento de Dios! ¡Qué indescifrables Sus juicios e impenetrables Sus caminos!" (Ro 11:33; ver también Job 26; Sal 145:3).

En nuestros momentos de frustración, orgullo y apatía, nos conviene recordar que a Jesús se le ha dado autoridad total sobre todas las cosas (Sal 8:6; Mt 28:18; Ef 1:22). Todo fue creado a través de Él y para Él (Col 1:16). No hay cosa o situación o circunstancia que sea más poderosa que Él.

Meditar en el carácter de Dios llena nuestros corazones de esperanza, aun en tiempos de pruebas terribles. La causa de la gran tristeza del profeta Jeremías fue la destrucción despiadada de Jerusalén en manos de Babilonia. En medio de un horror indescriptible, Jeremías encontró esperanza al recordar quién es Dios:

> Pero algo más me viene a la memoria,
> lo cual me llena de esperanza:

El gran amor del Señor nunca se acaba,
y Su compasión jamás se agota.
Cada mañana se renuevan Sus bondades;
¡muy grande es Su fidelidad!
Por tanto, digo:
"El Señor es todo lo que tengo.
¡En Él esperaré!". (Lam 3:21-24)

¿Ves cómo el gran amor del Señor nunca se acaba y Su compasión jamás se agota? El Dios eterno se da a Sí mismo, y esa es nuestra porción. Nuestras mentes mortales no pueden comprender el significado de tal don.

Cuando nuestros hijos luchan con la ansiedad de la separación al no tener a mamá cerca cuando duermen o cuando van a la escuela, les damos razones para tener paz. Cuando nosotros, los hijos de Dios, sentimos ansiedad por estar separados de Él, Él nos recuerda la razón principal por la que deberíamos experimentar Su paz.

La mayor demostración de amor que Dios nos ha concedido es que Él envió a Su Hijo, Jesús, a morir en la cruz en nuestro lugar por nuestros pecados, y esto *mientras todavía éramos Sus enemigos* (Ro 5:8). Jesús sufrió la más profunda "ansiedad de separación" que cualquier persona en el mundo jamás podría enfrentar, para que los que confiamos en Él estemos unidos al Padre por siempre. Aunque estábamos muertos en nuestros pecados, Dios, siendo rico en misericordia, nos amó con un amor tan grande que nos dio vida con Cristo, por gracia mediante la fe (Ef 2:4-8).

Sería imposible enumerar todas las implicaciones y describir toda la gracia de este glorioso evangelio. Jonathan Edwards dijo: "Lo que más amo atribuirle a Dios es Su soberanía absoluta".[23] No podría estar más de acuerdo: la soberanía de Dios resalta Su gloriosa libertad al dar generosamente de Su gracia a Sus enemigos. Un Dios que usa Su libertad para salvar a Sus enemigos y asegurarse de que estarán regocijándose en Él por siempre, es un Dios que es digno de toda nuestra adoración.

La gracia de Dios para los que estamos en Cristo es más grande que cualquier frustración que nos quiera sacar de nuestras casillas. Debido a que Jesús está sosteniendo el universo con Su palabra, podemos confiar en Él en el peor de nuestros días.

La gracia de Dios para los que estamos en Cristo nos rescata de la idolatría de la maternidad. Debido a que Jesús es supremamente digno de todos nuestros afectos, no hay nada en la maternidad que pueda eclipsar Su belleza.

La gracia de Dios para los que estamos en Cristo triunfa sobre nuestro orgullo y nuestro delirio de tener todo bajo control. Debido a que Jesús tiene autoridad sobre todas las cosas, podemos vestirnos gozosamente de humildad bajo Su misericordioso mandato y servirle por siempre.

La gracia de Dios para las que estamos en Cristo despierta nuestras almas del sueño y de la insensibilidad en que se encuentran. Debido a que la grandeza de Jesús es inescrutable, Él es capaz de avivar nuestro amor tibio por Él cuando buscamos Su rostro. Hay un solo lugar al que una madre puede ir para conocer acerca de la grandeza de Jesucristo: la Palabra de Dios. Jerry Bridges aconsejó: "No creas todo lo que piensas. No puedes confiar en que siempre te dirás la verdad a ti mismo. Permanece en la Palabra".[24] La recomendación de J. I. Packer es similar:

> ¿Me entiendo a mí mismo como cristiano? ¿Conozco mi verdadera identidad? ¿Mi verdadero destino? Soy un hijo de Dios; Dios es mi Padre; el cielo es mi hogar; cada día estoy más cerca. Mi Salvador es mi hermano; todo cristiano es mi hermano también. Repítetelo una y otra vez a ti mismo a

> primera hora de la mañana, en la noche antes de acostarte, mientras esperas el autobús, en cualquier momento en que tu mente esté libre, y pídele a Dios que te permita vivir como quien cree que todo esto es completamente cierto. Porque este es el secreto del cristiano para vivir una vida cristiana, una vida que honre a Dios.[25]

Cuando me sumerjo en la Palabra de Dios para descubrir las maravillas del amor de Dios hacia mí, una pecadora, recuerdo que no tengo motivo para gloriarme que no sea la cruz de Jesucristo (Gá 6:14). Estas meditaciones me llevan a adorar a Jesús, y cuando le adoro estoy gozosamente contándole a todas las generaciones acerca de Su fidelidad (Sal 89:1). Quiero que mis hijos "vengan conmigo" cuando sondeo las profundidades, la altura y la amplitud del amor de Cristo.

La visión a largo plazo de la maternidad ve mucho más allá de enseñar a tu hijo a usar el orinal, de los exámenes del tercer trimestre, e incluso de la graduación de la escuela secundaria. La visión de la maternidad mira hacia el horizonte de la eternidad. Entendemos que algún día nuestros hijos pueden llegar a ser nuestros hermanos en Cristo. Como madres, siempre necesitamos tener esta perspectiva de la vida en nuestras mentes a lo largo de nuestros días. Dios está llevando a cabo Su obra de crear personas que son creadas y re-creadas a la imagen de Su Hijo. Somos parte de la nueva humanidad, un pueblo cuyo patrón de vida está siendo transformado por Dios para que ya no caminemos en sendas que nos esclavizan, que solo llevan a la muerte y la futilidad. ¡Llegará el día en que el mundo se llene de la gloria del Señor como las aguas cubren el mar! Durante toda nuestra maternidad, nuestra mirada debe estar puesta en ese día.

Tal vez tu día acaba de empezar, o bien está en marcha, o se acabó y estás en "una de las zonas horarias en la que la gente ya está durmiendo". No importa la hora que sea, es un buen momento para darle gracias a Dios por Sus ricas misericordias, que siempre se renuevan para los que estamos en Jesucristo, y para compartir tu gozo con todos los que te escuchan.

Nuestro llamado como madres es perseverar con la fuerza que Dios nos da y hacer que Jesús sea nuestro, porque Él nos ha hecho suyas (Fil 3:12). Nos olvidamos de lo que queda detrás y nos esforzamos por alcanzar lo que está delante, avanzando hacia la meta para ganar el premio que Dios ofrece mediante su llamamiento celestial en Cristo Jesús (Fil 3:13-14).

Quizás dedicaste mucho tiempo en escoger la primera ropita que le pusiste a tu hijo cuando lo trajiste a casa del hospital. Hace unos meses, unos amigos nos enviaron unas invitaciones para que fuéramos con ellos al aeropuerto y le diéramos la bienvenida a su nuevo hijo adoptivo. Nuestro Padre celestial es mucho más intencional y detallista que nosotras, y Él está planificando nuestro regreso a casa, ¡cuya gloria no podemos siquiera imaginar! Mientras más atesoremos a Cristo en nuestra maternidad, más podremos pensar en las cosas celestiales, recordando constantemente al Señor que nos ha recibido en Su familia por siempre, y nos ha dado el poder para vivir para Su reino a través de nuestro servicio a nuestras familias.

RECONOCIMIENTOS

Gracias, *Jesús*, por edificar tu iglesia aquí en el Oriente Medio. Gracias a *las mujeres mayores de la Iglesia del Redentor en Dubái*, por tomar en serio las instrucciones de Tito 2. Ustedes equipan a las recién nacidas en Cristo, instruyen a las más jóvenes y enseñan lo que es bueno. Gracias por su fiel "cuidado maternal" al exhortar y animar a las mujeres a que amen a sus familias y adornen el evangelio. ¡Son una bendición para mí y para muchos!

Gracias, *Cheryl Madewell*, por las innumerables horas que pasaste conmigo cuando estuve cursando el segundo año en la universidad, enseñándome a poner todo mi empeño en estudiar y amar la Palabra de Dios. Gracias, *Ngoc Brown* y *Carolyn Wellons*, por enseñarme que necesito atesorar a Cristo para poder amar a mi esposo-pastor. Gracias, *Mary Waters*, por demostrarme cómo el gozo del Señor es nuestra fortaleza para cuidar de otros en medio de nuestro sufrimiento. Gracias, *Kim Blough*, por sentarte conmigo durante esa oscura temporada en el desierto en que sentía que mis manos solo estarían llenas de dolor y desesperanza. Me ofreciste la esperanza del evangelio una y otra vez —gracias.

Estoy agradecida por estas blogueras, cuyo propósito específico al escribir es que las madres logren atesorar a Cristo. Gracias por su amistad y su influencia: *Lindsey Carlson*, *Kimm Crandall*, *Christina Fox*, *Trillia Newbell*, *Luma Simms* y *Jessica Thompson*.

Es precioso tener amigas que buscan a Cristo en medio de todos los deleites y las tristezas de la maternidad. Gracias, *Mónica deGarmeaux* y *Laurie Cuchens*, por modelarme esto a través de profundos dolores y alegrías. Por la gracia de Dios, sus vidas testifican que el Dios que ustedes adoran es digno de toda alabanza.

Gracias al equipo de Crossway (especialmente a *Justin Taylor*, *Lydia Brownback*, *Josh Dennis*, *Amy Kruis*, *Angie Cheatham* y *Janni Firestone*) por toda la energía y el trabajo arduo que invirtieron en este libro.

Gracias inmensas a mi madre, *Catherine*, y a mi suegra, *Basia*, que aun estando a más de 8,000 millas de distancia encuentran formas creativas de amar y animar a nuestra familia.

NOTAS DE TEXTO

1. Herman Bavinck, *Reformed Dogmatics* [*Dogmática Reformada*] (Grand Rapids, MI: Baker Academic, 2008), 3:455.
2. Martyn Lloyd-Jones, *Preaching and Preachers [La predicación y los predicadores*] (London: Hodder & Stoughton, 2012), 170–171. Publicado en español por editorial Peregrino, 2010.
3. "Nunca caigas en dar consejos que no estén conectados a las buenas noticias de que Cristo fue crucificado y resucitó; que está vivo, presente, obrando y que regresará". David Powlison, "Who Is God?" ["¿Quién es Dios?"], *Journal of Biblical Counseling*, 17 (Winter 1999): 16.
4. Jeremiah Burroughs, *The Rare Jewel of Christian Contentment* [*El contentamiento cristiano: Una joya rara*], http://www.monergism.com/contentment.html. Publicado en español por editorial Faro de Gracia, 1995.
5. Estoy en deuda con Milton Vincent por señalar esto en su excelente libro *A Gospel Primer for Christians: Learning to See the Glories of God's Love* [*Una introducción al evangelio para cristianos: Aprendiendo a ver las glorias del amor de Dios*] (Bemidji, MN: Focus, 2008).
6. John Owen, *The Works of John Owen,* vol. 3, The Holy Spirit [*Las obras de John Owen,* vol. 3, El Espíritu Santo], (Carlisle, PA: Banner of Truth, 1966), 100.

7. Richard Baxter, *The Practical Works of the Rev. Richard Baxter* [*Las obras prácticas del reverendo Richard Baxter*], vol. 4 (London: Paternoster, 1830), 18.
8. Paul Tripp, *Forever: Why You Can't Live without It* [*Por siempre: Por qué no puedes vivir sin ello*], (Grand Rapids, MI: Zondervan, 2011), 141.
9. Joseph Hart, "Come, Ye Sinners, Poor and Needy" ["Venid, pecadores, pobres y necesitados"], 1759.
10. Esta hermosa tradición fue inspirada por el libro de Noël Piper llamado *Most of All, Jesus Loves You!* [*Sobre todas las cosas, ¡Jesús te ama!*] (Wheaton, IL: Crossway, 2004).
11. John Piper, *Desiring God: Meditations of a Christian Hedonist* [*Sed de Dios: Meditaciones de un hedonista cristiano*], (Colorado Springs, CO: Multnomah, 2003), 12. Publicado como segunda edición por editorial Andamio, 2015.
12. Thomas Chalmers, "The Expulsive Power of a New Affection" ["El poder expulsivo de un nuevo afecto"], sermón, http://www.newble.co.uk/chalmers/comm9 .html.
13. Edward Welch, *Running Scared: Fear, Worry, and the God of Rest* [*Corriendo asustados: El miedo, la preocupación, y el Dios que da descanso*] (Greensboro, NC: New Growth Press, 2007), 140.
14. Jerry Bridges, *The Discipline of Grace: God's Role and Our Role in the Pursuit of Holiness* [*La disciplina de la gracia: El rol de Dios y el nuestro en la búsqueda de la santidad*] (Colorado Springs, CO: Navpress, 2006), 19.
15. Vincent, *Gospel Primer for Christians.*
16. John Bunyan, *Justification by an Imputed Righteousness* [*Justificación por una justicia imputada*], http:// acacia.pair.com/Acacia.John.Bunyan/Sermons.Allegories/Justification.Imputed.Right.

17. Horatious Bonar, "God's Purpose of Grace" ["El propósito de Dios para la gracia"], sermón, http:// www.reformedliterature.com/bonar-gods-purpose-of -grace.php.
18. Sinclair Ferguson, *Solo en Cristo: Una vida centrada en el evangelio* (Medellín, Colombia: Poiema Publicaciones, 2016), 157-158.
19. Richard Sibbes, *Glorious Freedom* [*Gloriosa libertad*] (Carlisle, PA: Banner of Truth, 2000), 81.
20. Sibbes, *Glorius Freedom*, 83.
21. Sibbes, *Glorius Freedom*, 91–92.
22. Owen, *Works of John Owen* [*Las obras de John Owen*], 108–109.
23. Jonathan Edwards, *Selections* [*Selecciones*] (New York: Hill and Wang, 1962), 58-59.
24. Jerry Bridges, *The Great Exchange: My Sin for His Righteousness* [*El gran intercambio: Mi pecado por Su justicia*] (Wheaton, IL: Crossway, 2007).
25. J. I. Packer, *Knowing God* [*El conocimiento del Dios Santo*] (Downers Grove, IL: InterVarsity Press, 2011). Publicado en español por editorial Vida, 2006.

ÍNDICE DE LAS ESCRITURAS

El Evangelio ¡para cada rincón de la Vida!

La palabra POIEMA viene del griego (POY-EMA). Se refiere a una obra creada por Dios. Es la raíz de nuestra palabra *poema*, que sugiere un sentido artístico, no a una simple fabricación. Pablo dice:

"Porque somos la obra maestra (POIEMA) de Dios, creados de nuevo en Cristo Jesús..."
Efesios 2:10

El propósito de Poiema Publicaciones es reflejar la imagen de nuestro Creador mediante la publicación de libros centrados en el evangelio, de alta calidad, accesibles, agradables y pertinentes al mundo caído en el que vivimos. Dios nos invita a tomar parte de la redención de toda Su creación en Jesús.

En Poiema Publicaciones sentimos un llamado a que nuestra lectura ¡también sea redimida!

POIEMA
LECTURA REDIMIDA

PoiemaLibros
Poiema Publicaciones
PoiemaLibros

Visita nuestra web **www.poiema.co**